Assainissement autonome
Politiques, pratiques et enjeux pour le Burkina Faso

Collection « Études africaines »

dirigée par Denis Pryen et son équipe

Forte de plus de mille titres publiés à ce jour, la collection « Études africaines » fait peau neuve. Elle présentera toujours les essais généraux qui ont fait son succès, mais se déclinera désormais également par séries thématiques : droit, économie, politique, sociologie, etc.

Dernières parutions

Dr Gountiéni D. LANKOANDE, Dr Martin SAWADOGO, Dr Edmond LANKOUANDE, *Assainissement autonome. Politiques, pratiques et enjeux pour le Burkina Faso*, 2021.

Julien IRUMU AGOZIA-KARIO, *Spiritualité logo au contact de la colonisation*, 2021.

NIAMKEY-KOFFI, *La notion de système philosophique. Spinoza et Nietzsche*, 2021.

Mylène DANGLADES, Babou DIÈNE et Denis Assane DIOUF (dir.), *L'esclavage en mots/maux et en images,* 2021.

Benjamin KAGINA SENGA, *Quelle protection pour les enfants déplacés et refugies non accompagnés en République démocratique du Congo ?,* 2021.

Christian ROCHE, *Les pionniers des indépendances africaines face à leur destin. Colonies françaises d'Afrique noire et territoires de l'océan Indien,* 2021.

Emmanuel KABONGO MALU, *La critique de la raison scientifique égypto-africaine chez Cheikh Anta Diop*, 2021.

NIAMKEY-KOFFI, *Philosophie, culture et développement. De l'esthétique nègre à l'impensé philosophique des langues*, 2021.

Amadou Lamine NDIAYE, *Julius Nyerere et l'édification d'une nation africaine. Ujamaa : panafricanisme et socialisme*, 2021

César MAWANZI NDOMBE, *Jean-Marc Ela. L'humanisme de la raison critique au coeur d'une pensée politique*, 2021.

Moustapha SOUMAHORO (dir.), *Agriculture, pêche et développement local en Afrique subsaharienne*, 2021.

Dr Gountiéni D. LANKOANDE
Dr Martin SAWADOGO
Dr Edmond LANKOUANDE

Assainissement autonome
Politiques, pratiques et enjeux pour le Burkina Faso

L'Harmattan

5-7, rue de l'École-Polytechnique – 75005 Paris
www.editions-harmattan.fr
ISBN : 978-2-343-23292-8
EAN : 9782343232928

Remerciements

Afin de contribuer à garantir à tous l'accès à des services d'assainissement de qualité (Objectif de développement durable : ODD 6), l'Initiative Prospective Agricole et Rurale (IPAR) met en œuvre un projet sur l'Assainissement non connecté en Afrique de l'Ouest comprenant une composante recherche. Au Burkina Faso, cette composante a été exécutée en partenariat avec le Groupe de Recherche et d'Analyse Appliquées pour le Développement (GRAAD Burkina). Le présent livre est tiré de la recherche menée dans le cadre de ce projet.

L'aboutissement de ce travail a été possible grâce à l'accompagnement et à l'appui de toutes les parties prenantes. En tant que partenaire, le GRAAD Burkina voudrait remercier toute l'équipe de l'IPAR pour son esprit de collaboration, mais aussi pour ses commentaires avisés.

Par ailleurs, la gratitude du GRAAD Burkina va à l'endroit de tous les acteurs nationaux pour leur disponibilité et le temps consacré pour répondre aux différents questionnaires. Les remerciements vont particulièrement aux directions régionales en charge de l'assainissement et aux mairies de Ouagadougou, Bobo Dioulasso, Fada N'Gourma et Dédougou pour leur accueil et leur sens du partage de l'information.

Le GRAAD Burkina remercie également tous les agents de collecte de données pour les efforts fournis afin de collecter des données de qualité. Il reconnait qu'ils font partie des acteurs en amont de la qualité de la présente recherche.

À tous ceux et toutes celles qui ont contribué d'une manière ou d'une autre à l'aboutissement de ce rapport, le GRAAD dit merci.

Sigles et Abréviations

3R	Réduction, Réutilisation et Recyclage
AAD	Assainissement Autonome Durable
ACOMOD	Agence de Conseil et de Maîtrise d'Ouvrage Déléguée du Bâtiment et des Aménagements Urbains
AFD	Agence Française de Développement
AGETEER	Agence d'Exécution des Travaux Eau et Équipement Rural
ANC	Assainissement Non Connecté
ARSN	Autorité Nationale de la Radioprotection et de Sureté Nucléaire
ASS	Afrique Subsaharienne
ATPC	Assainissement Total Porté par les Communautés
ATPL	Assainissement Total Piloté par les Leaders
BBE	Burkinabè de l'Extérieur
BUNEE	Bureau National des Évaluations Environnementales
CM	Chef de Ménage
CREPA	Centre Régional pour l'Eau Potable et l'Assainissement à Faible Coût
CRES	Consortium pour la Recherche Economique et Sociale
DGA	Direction Générale de l'Assainissement

DGEVCC	Direction Générale de l'Économie Verte et du Changement Climatique
DGIH	Direction Générale des Infrastructures Hydrauliques
DGPE	Direction Générale de la Préservation de l'Environnement
DGRE	Direction Générale des Ressources en Eau
DLBV	Déchets Liquides et les Boues de Vidange
DLBVF	Déchets Liquides et Boues de Vidange Fraiches
DLBVT	Déchets Liquides et Boues de Vidange Traitées
DGUVT	Direction Générale de l'Urbanisme, de la Viabilisation et de la Topographie
EAA	Eau et Assainissement pour l'Afrique
EPI	Équipement de Protection Individuel
FCFA	Franc de la Communauté Financière Africaine
FDAL	Fin de la Défécation à l'Air Libre
FIE	Fonds d'Intervention pour l'Environnement
FSM	Fecal Sludge Management
GDLBV	Gestion des Déchets Liquides et Boues de Vidange
GDSM	Gestion des Déchets Solides Ménagers
GRAAD	Groupe de Recherche et d'Analyse Appliquées pour le Développement
IPAR	Initiative Prospective Agricole et Rurale
KFW	Kreditanstalt Für Wiederaufbau (Banque de Développement de la République Fédérale d'Allemagne)
MEA	Ministère de l'Eau et de l'Assainissement
MEEVCC	Ministère de l'Environnement de l'Économie Verte et du Changement Climatique

MPCD	Modes de Production et de Consommation Durables
MUH	Ministère de l'Urbanisme et de l'Habitat
NIMBY	Not In My Back Yard
NSS	Non Sewered Sanitation
OCB	Organisation Communautaire de Base
ODD	Objectifs de Développement Durable
ONAS	Office National de l'Assainissement du Sénégal
ONEA	Office National de l'Eau et de l'Assainissement
ONG	Organisation Non Gouvernementale
PED	Pays En voie de Développement
PNAEUE	Programme National d'Assainissement et des Eaux Usées et Excrétas
PNDD	Politique Nationale de Développement Durable
PNDES	Plan National de Développement Économique et Social
PNG	Politique Nationale Genre
PNHDU	Politique Nationale de l'Habitat et du Développement Urbain
PNP	Politique Nationale de Population
PS-EAA	Politique Sectorielle Environnement, Eau et Assainissement
PSMBV	Programme de Structuration des Marchés de Boues de Vidange
PSNA	Politique et Stratégie Nationales d'Assainissement
PTF	Partenaire Technique et Financier
SCADD	Stratégie de Croissance Accélérée et de Développement Durable

SDR	Stratégie de Développement Rural
SNEE	Stratégie Nationale d'Éducation Environnementale
SONATUR	Société Nationale d'Aménagement des Terrains Urbains
SPCNDD	Secrétariat Permanent de Conseil National pour le Développement Durable
SPCPDU	Secrétariat Permanent de la Coordination du Programme de Développement Urbain
SPGIRE	Secrétariat Permanent pour la Gestion Intégrée des Ressources en Eau
SUA	Speak Up Africa
SUT	Système d'Utilisation des Terres
WASPA	West African Sanitation Policy Activators
WSP	Water Sanitation Program

Résumé exécutif

Malgré les importants efforts visant une gestion plus efficace et efficiente de la question de l'assainissement, en Afrique subsaharienne, le problème se pose toujours avec acuité, surtout pour le secteur des déchets liquides et des boues de vidange (GRAAD Burkina, 2015, 2018). Au Burkina Faso, par exemple, seulement 22,6% de la population ont accès à l'assainissement, dont 38,2% en milieu urbain (Ministère de l'Eau et de l'Assainissement, 2019). Dans le contexte actuel, la défécation à l'air libre, couplée à d'autres mauvaises pratiques se traduit par des pollutions environnementales importantes, par l'exposition des populations à des risques sanitaires accrus et par des impacts socio-économiques importants (Albuquerque et Roaf, 2012 ; WSP, 2012). Dans les zones urbaines et périurbaines densément peuplées où s'étalent les habitats spontanés, les populations sont constamment exposées aux pollutions et aux nuisances diverses liées à l'exposition et/ou au contact avec les déchets fécaux humains (GRAAD Burkina, 2019 ; Paullin, 2017).

S'intéressant à la problématique, cette recherche s'inscrit dans le cadre d'un projet dénommé "Projet WASPA" (*West African Sanitation Policy Activators*), mis en œuvre par l'IPAR et le Consortium pour la Recherche Economique et Sociale (Dakar, Sénégal), pour accompagner les Etats ouest-africains francophones dans l'atteinte des Objectifs de Développement Durable (ODD 6.2). Ce projet est financé par la Fondation Bill et Melinda Gates. Spécifiquement, la présente recherche est la mise en œuvre pratique de la composante Recherche du projet au niveau du Burkina Faso, qui a été confiée au GRAAD Burkina en tant que structure partenaire.

L'objectif général de la recherche est de produire et de fournir aux décideurs des évidences permettant de mettre au point des politiques publiques plus efficaces afin de mettre fin à l'insalubrité, la défécation à l'air libre, d'améliorer la santé des femmes, des enfants et la qualité de leur environnement. Dans la même perspective, il s'agit d'aider les communautés vulnérables à accéder à un système d'assainissement amélioré (ODD 6.2).

Pour atteindre les objectifs fixés, les analyses se sont basées sur des données secondaires et primaires (quantitatives et qualitatives) en lien avec la gestion des déchets liquides et des boues de vidange (DLBV). Dans la collecte des données primaires, l'approche multi-acteurs a été privilégiée. L'enquête quantitative a ciblé et touché au total 515 ménages, 48 vidangeurs et 16 utilisateurs finaux des produits dérivés des DLBV. Quant à l'enquête qualitative, elle a concerné la mairie, la direction générale de l'eau et de l'assainissement, celle de l'environnement et l'ONEA dans chacune des localités ciblées. La recherche a couvert principalement quatre (4) communes : Ouagadougou, Bobo Dioulasso, Dédougou et Fada N'Gourma. De manière synthétique, les principaux résultats obtenus peuvent être regroupés en huit niveaux d'analyse : politique, organisationnel et institutionnel, juridique, ménage, vidangeur, utilisateur final, chaîne de valeur, pratique des 3R.

Au niveau politique, les politiques qui encadrent le secteur de l'assainissement ont connu des améliorations importantes en termes de qualité et d'applicabilité depuis la Constitution de 1991 du Burkina Faso. Cela se caractérise par une prise de conscience plus grande et plus fine des enjeux liés à l'assainissement autonome toujours accompagnée d'une forte volonté politique ; une meilleure connaissance et une meilleure organisation du secteur de l'assainissement en général ; des textes de plus en plus pertinents et plus complets sur les paradigmes actuels du développement fondés notamment sur les ODD. Cependant, en lien avec l'assainissement autonome durable (AAD), il y a un manque de vision intégrée, une approche focalisée sur la construction d'ouvrages de collecte et de traitement, un secteur faiblement encadré dans la pratique, la faible application des textes, une faiblesse relative des outils de mise en œuvre respectant les normes actuellement recommandées, un alignement limité des objectifs fixés aux textes visant à mettre fin à la défécation à l'air libre d'ici 2030.

Au niveau organisationnel et institutionnel, l'assainissement autonome ne dispose pas de cadre spécifique. En effet, il est dilué dans le cadre général de l'assainissement, donc géré dans le contexte actuel par trois ministères (ministères en charge de l'assainissement, de l'environnement et de l'urbanisme). L'analyse fait ressortir une bonne prise en compte des composantes du secteur et un accompagnement technique et financier de nombreux partenaires nationaux et internationaux. Cependant, la gestion multi-acteurs est une source de conflits importants de compétences (chevauchement des attributions) et de dédoublement des activités, etc. Également, il est observé une grande instabilité institutionnelle et un problème d'institutionnalisation des secteurs de planification avec notamment la prise de textes juridiques appropriés (PS-EEA, 2018).

Au niveau juridique, un important dispositif en termes de textes qui encadrent les interventions existe (*Accords, Conventions, Traités et protocoles internationaux, Constitution et autres textes législatifs et réglementaires, etc.*). Toutefois, ce dispositif est limité par certains facteurs tels que l'insuffisance de la contextualisation et l'intégration des textes internationaux au cadre politique national en raison de leur faible adéquation avec les réalités sociales nationales, la faible application de la règlementation d'ailleurs très peu connue par un nombre important d'acteurs du secteur, l'absence de textes d'application pour certaines lois, la faible cohérence entre les lois.

Au niveau ménage, la gestion des DLBV se caractérise par : *(i)* des lieux inappropriés utilisés pour le dépotage/la réception et l'évacuation des déchets par les ménages et par les services de vidange (rue, caniveaux, cours d'eau, parcelles vides/espaces verts, etc.) ; *(ii)* un taux d'auto-gestion relativement élevé des DLBV, avec des pratiques contraires aux recommandations actuelles ; *(iii)* une faible utilisation du système de vidange mécanique et manuel. Le niveau élevé de l'auto-gestion et la faible utilisation de la vidange mécanique se justifient notamment par le manque de moyens, la mauvaise utilisation des latrines/fosses, l'insuffisance ou l'inadéquation des infrastructures, l'indisponibilité du service dans certaines villes/secteurs, les problèmes de transport liés à l'absence de voies pouvant être empruntées par les camions vidangeurs.

Au niveau vidangeur, le métier est en général masculin ; celui de vidangeur manuel l'est exclusivement. Il ressort des analyses que le secteur peut offrir plus d'emplois avec une revalorisation stratégique et une meilleure organisation du secteur. Il peut contribuer à réduire le chômage de manière significative. Malgré les efforts déjà déployés par les pouvoirs publics, il ressort des analyses que l'organisation actuelle reste insuffisante. La majorité des vidangeurs fonctionne sans un véritable encadrement de l'autorité publique.

En termes de capacité productive, les services de vidange mécanique utilisent surtout des camions spécialisés. Pour la vidange manuelle, le matériel le plus utilisé est le tricycle et la charrette. En termes de conditions de travail, il ressort que les vidangeurs n'ont pas de mutuelle de santé et ne bénéficient pas d'une couverture maladie spécifique. De plus, la grande majorité de ces vidangeurs ne possède pas et n'utilise pas de manière appropriée les kits d'équipements de protection individuelle (EPI). Ce constat est particulièrement vrai pour les vidangeurs manuels.

De façon globale, deux types de stratégies sont employés par les vidangeurs mécaniques pour satisfaire la demande de la clientèle. La stratégie la plus utilisée (71%) est celle qui consiste à attendre que le client manifeste son besoin (*stratégie demande*). La seconde stratégie est l'abonnement (*stratégie abonnement*). Cette dernière implique la signature d'un contrat entre le service de vidange mécanique et le client. Les vidangeurs manuels utilisent exclusivement la première stratégie. Les informations recueillies pour l'année 2018 laissent penser que dans l'ensemble, « *le métier nourrit son homme* ».

À l'image des ménages, les modes d'évacuation utilisés par les vidangeurs manuels sont inappropriés : dépotage des boues fraiches dans les champs à la périphérie de la ville, abandon sur place des boues, rejet dans les parcelles vides et les espaces verts, etc. En général, les principales difficultés rencontrées par les vidangeurs dans l'exercice de leur métier sont de quatre (04) ordres : mauvaise utilisation des latrines, manque et éloignement des sites de dépotage, manque et vétusté du matériel roulant servant à la vidange et, mauvaises conditions de travail. En examinant les recommandations proposées par les vidangeurs, il ressort qu'ils attendent plus d'investissements et de subventions de la part de l'État que du secteur financier.

Au niveau utilisateur final, il faut noter leur nombre limité. Leur fonction principale est la valorisation, qui porte sur la transformation des DLBV pour des motifs commerciaux ou pour servir de matières premières dans d'autres activités ou encore pour la consommation directe des déchets non transformés. Les produits dérivés les plus utilisés par les acteurs sont les eaux épurées de l'Office National de l'Eau et de l'Assainissement (ONEA) pour le maraîchage, les boues de vidange non transformées fournies par des vidangeurs manuels et mécaniques ou des ménages, utilisées comme fertilisant organique. Des déchets d'abattoirs sont aussi utilisés et transformés en fumure organique, biogaz et électricité.

A l'instar des autres acteurs de la chaîne, les utilisateurs finaux sont confrontés à des problèmes spécifiques que sont les risques sanitaires liés en partie à la très faible utilisation des EPI (aucun ne possède un kit complet du fait du manque de moyen), le mauvais usage des déchets transformés, le manque d'accompagnement de la part de l'autorité publique, la mauvaise qualité des eaux épurées de l'ONEA qui deviennent plus acides en saison sèche avancée, la mévente des aliments produits en utilisant des déchets transformés, l'absence d'une approche commerciale stratégique intégrée.

Au niveau chaîne de valeur/service, il faut surtout retenir le fait que le maillon de traitement et de transformation/valorisation qui devrait générer des revenus capables de soutenir le fonctionnement de la filière est au stade embryonnaire. Dans ce sens, la présente recherche peut servir de tremplin pour relancer les débats et viser la mise en place de véritables stratégies de promotion des chaînes de valeur dans le secteur.

Au niveau de la pratique des 3R, les constats révèlent que certaines bonnes pratiques sont déjà une réalité au Burkina Faso. Cependant, les mauvaises pratiques prédominent. Certains ménages continuent de mélanger des déchets solides avec des DLBV. Il ressort aussi un besoin impérieux de changement de comportements et d'habitudes de la part des ménages. Bien que conscients des risques liés aux DLBV, ils ne sont pas disposés, ou ne pensent pas qu'il est possible de réduire la production de leurs déchets. En revanche, les ménages sont prêts à accompagner et soutenir des actions de valorisation et de traitement des DLBV.

Au regard des enjeux socio-économiques et des contraintes de la filière, quatre (04) principaux axes d'intervention sont proposés. Il s'agit de la construction d'un nombre suffisant d'infrastructures, l'accompagnement des acteurs (à travers des facilités pour l'accès au matériel de qualité, l'organisation du secteur, l'offre des formations et un soutien à la valorisation des déchets), la sensibilisation de toute la population, la facilitation de l'accès des opérateurs privés aux mécanismes de financement.

En termes de perspectives, une recherche sur les aspects spécifiques de l'adéquation entre l'offre et la demande dans le secteur de la gestion des boues de vidange est souhaitable pour soutenir les actions de plaidoyer. Même si les autres données sont importantes, la pratique montre que c'est ce type de données qui attirent l'attention et mobilise le plus.

Dans le même sens, des analyses comparatives de la pérennité économico-financière et technique des différents systèmes d'assainissement dans le contexte burkinabè sont essentielles pour éclairer et motiver les choix des décideurs. Cette perspective vise la mobilisation des pouvoirs publics pour une meilleure affectation des ressources publiques tenant compte de l'efficacité des systèmes par rapport au but recherché.

Introduction générale

La question de la gestion des déchets se pose avec acuité dans le monde entier, en l'occurrence dans les pays de l'Afrique subsaharienne (ASS). En général, elle est aggravée par la faible maîtrise de l'urbanisation caractérisée par l'étalement des zones d'habitation et la multiplication des habitats spontanés. Au Burkina Faso, la question de la gestion des déchets est encore plus pesante en ce qui concerne particulièrement les déchets liquides et les boues de vidange (DLBV), aggravée par la forte croissance démographique (3,1%) couplée aux mauvaises pratiques de production et de consommation.

Pour inverser les tendances, de nombreuses initiatives (politiques, programmes et projets, mobilisation et sensibilisation, etc.) sont mises en œuvre depuis plus d'une trentaine d'années. Toutefois, en général, ces initiatives ont mis l'accent sur la gestion des eaux usées et des ordures ménagères au détriment des autres types de déchets. Ce choix de priorisation et la complexité de la gestion du secteur le placent au cœur des problèmes majeurs auxquels les autorités burkinabè sont confrontées.

Au Burkina Faso, la bonne gestion des boues de vidange est fortement contrainte par divers facteurs dont l'ignorance, la pauvreté, la faible capacité financière de l'Etat, la faiblesse des textes et de leur application, la faible maîtrise de l'urbanisation caractérisée par l'étalement continu des villes, la méconnaissance du dispositif d'infrastructures en place par les acteurs privés, etc. Dans un tel contexte et comme le montrent les observations faites sur le terrain, les boues de vidange ne font en général l'objet d'aucun traitement particulier.

Au regard de l'engagement pris par le Burkina Faso pour l'atteinte de l'ODD 6.2., une telle situation impose et justifie l'intérêt de développer des stratégies plus appropriées et plus adaptées pour la gestion des déchets liquides et des boues de vidange (DLBV). C'est à ce titre que cette recherche, réalisée dans le cadre du projet *West African Sanitation Policy Activators* (WASPA), justifie la pertinence et l'utilité d'explorer les possibilités de progrès sur cette question sous l'angle de l'assainissement autonome dans le contexte burkinabè.

Dans la pratique, cette exploration a consisté essentiellement à faire un diagnostic sur la gestion actuelle des boues de vidange. Les analyses faites ont visé essentiellement à comprendre l'organisation et les principes de fonctionnement du secteur, les principales contraintes, et, sur cette base, à suggérer des pistes de solutions pour avancer sur la question non seulement dans les domaines politique et stratégique, mais également dans les pratiques quotidiennes de consommation et de production.

Le présent document qui fait l'économie des principaux constats se structure en cinq (05) grandes parties déclinées en chapitre. La première partie rappelle le contexte et les objectifs de la recherche. La seconde partie décrit les approches conceptuelles et la méthodologie de collecte des données. La troisième partie fait une analyse du cadre institutionnel et des politiques en lien avec la question de l'assainissement autonome. La quatrième partie analyse la chaîne de valeur de la filière. Avant la conclusion et les recommandations, la cinquième partie fait enfin l'état des lieux en matière de pratiques liées à l'assainissement autonome.

CHAPITRE 1

Contexte et justification de la recherche

1.1. Contexte

Depuis quelques décennies, d'importants efforts visant une gestion plus efficace et plus efficiente de la question de l'Assainissement ont été consentis au niveau mondial. Dans certaines régions comme l'Afrique subsaharienne (ASS), les études et les recherches menées sur le sujet convergent pour reconnaître que la question reste toujours posée, surtout en ce qui concerne le secteur des déchets liquides et des boues de vidange (GRAAD Burkina, 2015, 2018).

Dans le monde actuel, près d'un (1) milliard de personnes défèquent toujours à l'air libre. D'un autre côté, trois (3) milliards de personnes utilisent des toilettes pour lesquelles les déchets ne font l'objet d'aucun traitement approprié. Ce problème se pose encore avec plus d'acuité dans les zones rurales, les quartiers informels populaires et les bidonvilles (Albuquerque et Roaf, 2012). Au Burkina Faso, moins d'un quart de la population (22,6%) a accès à l'assainissement, dont 38,2% en milieu urbain (MEA, 2019).

Malgré les progrès réalisés comme le révèle le *Rapport-2017 sur l'état des toilettes dans le monde*, la défécation à l'air libre couplée à de mauvaises pratiques en matière de gestion des matières fécales se traduit par des pollutions environnementales importantes, par l'exposition des populations à des risques sanitaires accrus et par des impacts socio-économiques non négligeables (Albuquerque et Roaf, 2012 ; WSP[1], 2012 ; GRAAD Burkina, 2018).

Dans le monde, l'absence de toilettes décentes et d'eau propre cause des maladies diarrhéiques qui, en moyenne, coûtent la vie à près de 800

---

[1] WSP : Water Sanitation Program

enfants chaque jour, soit la mort d'un enfant toutes les deux (02) minutes (WaterAid, 2017). Selon les travaux réalisés notamment par Désile (2012), l'Afrique perd environ 5% de son produit intérieur brut (PIB) du fait de l'accès limité des populations à un assainissement approprié et aux mauvaises pratiques développées dans le secteur. Dans les zones urbaines et périurbaines densément peuplées où s'étalent les habitats spontanés, les populations sont constamment exposées aux mauvaises odeurs et à divers types de contagion liés à l'exposition et/ou au contact avec les déchets fécaux humains (GRAAD Burkina, 2019 ; Paullin, 2017).

Pourtant, à travers l'ODD 6.2, les États du monde se sont engagés à mettre fin à l'insalubrité, à la défécation à l'air libre et à améliorer la santé des femmes et des enfants. Cet engagement couvre également l'amélioration de la qualité de l'environnement et l'aide aux communautés vulnérables pour l'accès à un système d'assainissement amélioré d'ici 2030.

Afin d'accompagner les États dans l'atteinte de cet objectif, quatre (4) institutions africaines se sont engagées à travers deux (2) composantes financées par la Fondation Bill et Melinda Gates : la composante *Recherche* et la composante *Plaidoyer*, y compris le renforcement des capacités des acteurs.

De manière spécifique, la composante *Recherche* repose sur des études et des recherches exploratrices sur l'état de lieux et les pistes de solutions pour inverser les tendances négatives et pour contourner les contraintes et les limites actuelles. Cette composante recherche qui s'intéresse principalement à l'assainissement autonome est coordonnée par l'Initiative Prospective Agricole et Rurale (IPAR), Think Tank situé à Dakar au Sénégal. Au Burkina Faso, la mise en œuvre de ce volet a été assurée par le Groupe de Recherche et d'Analyse Appliquées pour le Développement (GRAAD Burkina) en tant que partenaire.

Quant à la composante *Plaidoyer*, elle a pour but de placer la question de l'assainissement autonome au cœur des politiques et programmes en Afrique francophone par le moyen de la communication pour le changement. Cette composante s'appuie sur les résultats de la composante *recherche*. Il s'agit de contribuer non seulement à créer une prise de conscience accrue sur la question au niveau des populations, mais également à orienter la décision publique pour des politiques plus efficaces en termes de progrès sanitaires, économiques et d'égalité des genres dans les zones défavorisées. Dans le sillage de l'ODD 6, il s'agit de contribuer à la création de cadres politique et institutionnel favorables à l'assainissement autonome, à un engagement régional renforcé autour de ce type d'assainissement dans les villes de l'Afrique francophone et à l'amélioration des conditions de vie des populations des centres urbains. La mise en œuvre de ce volet est assurée par Speak Up Africa (SUA) et Niyel.

Au Burkina Faso, le début du projet de recherche a été marqué par l'engagement des parties prenantes à travers l'atelier tenu du 10 au 12 septembre 2018 à Ouagadougou à l'Hôtel Bravia et qui a réuni les acteurs clés du secteur de l'assainissement. Dans un processus de recherche participative et inclusive de solutions innovantes fondées sur la demande, il s'agissait dans la pratique d'échanger sur les défis, les enjeux et les opportunités dans la chaîne de valeur de l'assainissement autonome en milieux urbain et péri-urbain dans le pays. Dans une certaine mesure, la mise en œuvre de cette recherche répond aux recommandations de cet atelier qui a relevé la nécessité de mieux cerner le secteur avec pour principal objectif d'aboutir à des recommandations plus pertinentes.

1.2. Objectifs et résultats attendus

L'objectif général de la recherche est de produire et de fournir aux décideurs des évidences permettant de mettre au point des politiques publiques plus efficaces afin de mettre fin à l'insalubrité et à la défécation à l'air libre. Il s'agit à terme de contribuer à l'amélioration de la santé des femmes, des enfants et de la qualité de l'environnement, et d'aider les communautés vulnérables à accéder à un système d'assainissement amélioré d'ici 2030 (ODD 6.2). Au Burkina Faso, les objectifs spécifiques poursuivis par cette recherche sont les suivants :

- ✓ analyser et diagnostiquer les cadres politique, administratif, institutionnel, juridique et organisationnel de l'assainissement autonome ;
- ✓ analyser et caractériser la chaîne de valeur de l'assainissement autonome, notamment en termes de composition, de cartographie des acteurs, de fonctionnement, de création et de partage des richesses ;
- ✓ identifier les principales difficultés du sous-secteur de l'assainissement autonome et formuler des recommandations.

Au regard de ces objectifs, les principaux résultats qui étaient attendus de cette recherche sont synthétisés dans le tableau suivant.

Tableau 1 : Synthèse des résultats attendus selon les objectifs visés

Objectifs	Résultats attendus
Analyser et diagnostiquer les cadres politique, administratif, institutionnel, juridique et organisationnel de l'assainissement autonome	• Le cadre législatif et réglementaire régissant le sous-secteur de l'assainissement autonome et diagnostiqué
	• Le rôle et la place de la commune dans l'Assainissement autonome (eaux usées et excréta) sont clairement établis et analysés
	• L'ensemble des cadres institutionnels existants, les politiques (lois, réglementations, règles, etc.) et les accords commerciaux qui régissent la chaîne de valeur de l'assainissement dans les zones urbaines et périurbaines du Burkina Faso sont analysés.
	• Les plans et les stratégies de développement local des municipalités locales et leur relation avec le système du NSS[2] et FSM[3] en alignement avec les pays et les villes ciblées par les partenaires de plaidoyer (Niyel et SUA) sont analysés
Étudier et caractériser la chaîne de valeur de l'assainissement autonome, notamment en termes de composition, de cartographie des acteurs, de fonctionnement, de création et de partage des richesses	• Les contraintes économiques, sociales et politiques qui pèsent sur l'adoption généralisée d'installations et de services d'assainissement améliorés sont identifiées et validées par les acteurs de la chaîne de valeur NSS et FSM dans les communes périurbaines du Burkina Faso
	• Une étude sur les projets/programmes/initiatives d'assainissement autonome (NSS), y compris la gestion des boues de vidange (FSM), dans les zones urbaines et périurbaines du Burkina Faso est réalisée
	• Des exemples de réussite sur la mise en œuvre et l'adoption de NSS & FSM dans les zones urbaines

[2] NSS : Non Sewered Sanitation
[3] FSM : Fecal Sludge Management

Objectifs	Résultats attendus
Identifier les principales difficultés du sous-secteur de l'assainissement autonome et formuler des recommandations	et périurbaines du Burkina Faso sont identifiés et documentés
	• Une cartographie détaillée des parties prenantes (demande et offre du marché) dans les zones urbaines et périurbaines du Burkina Faso impliquées dans la chaîne de valeur de l'assainissement autonome (NSS), y compris la gestion des boues fécales (FSM) est établie

Source : Auteurs

1.3. Définition et intérêt du concept d'assainissement autonome

1.3.1. Définition de l'assainissement autonome

Selon l'Organisation Mondiale de la Santé, l'assainissement en général se conçoit comme l'ensemble des travaux que doivent effectuer, en se conformant aux règles d'hygiène, les particuliers, les collectivités et les pouvoirs publics pour faire disparaître des agglomérations toutes causes d'insalubrité. En ce qui concerne le concept d'assainissement non collectif ou assainissement non connecté (ANC) encore appelé assainissement individuel ou assainissement autonome, diverses définitions lui sont appliquées. Au Burkina Faso, l'assainissement individuel est le concept le plus couramment utilisé (MEA, 2018).

De manière simplifiée, l'assainissement autonome consiste en la gestion des eaux usées et excréta des ménages et des lieux d'activités non raccordés à un réseau d'égouts (Gabert, 2018).

Dans l'approche de l'assainissement autonome, ces déchets (eaux usées et excreta) ne sont pas évacués au fur et à mesure de leur production. Ils sont en général stockés dans une fosse au niveau des toilettes. Une fois que la fosse est presque pleine, elle est refermée ou vidangée. En général, la vidange est faite manuellement ou de manière mécanique (par exemple, avec un camion de vidange). Les boues vidangées sont alors évacuées vers une station où elles sont traitées (et éventuellement valorisées). Dans de nombreux cas, elles sont déposées à l'écart des habitations dans une zone non ou très peu fréquentée prévue à cet effet (ou non) et parfois dans des champs ou des parcelles non construites comme le montrent les faits développés dans le chapitre 3.

Toutefois, contrairement aux pratiques actuelles les plus couramment rencontrées en Afrique et particulièrement au Burkina Faso, il faut noter que l'assainissement autonome ne se limite pas à la construction d'infrastructures de précollecte (toilettes, fosses septiques, etc.). Dans sa conception théorique, prenant en compte les paradigmes, les connaissances et les technologies actuels, l'assainissement autonome couvre toute la chaîne de services développée depuis la précollecte jusqu'au traitement des résidus ultimes (réduction, précollecte, collecte, transport, traitement, valorisation et gestion des déchets ultimes). Les analyses ici faites sont plutôt fondées sur cette vision de la problématique qui justifie la préférence pour le concept d'assainissement autonome durable (AAD) qui intègre les trois (3) composantes du développement durable.

- la **composante économique** : elle implique d'abord que l'activité soit financièrement et/ou économiquement rentable pour les agents économiques ayant une responsabilité à charge[4] dans le secteur. Il s'agit notamment des opérateurs privés (vidangeurs manuels et mécaniques par exemple) et des administrations publiques (ONEA, communes, etc.) pour lesquels les activités menées dans l'assainissement autonome doivent être source de création de chiffres d'affaires, de recettes fiscales, de baisse des dépenses de santé publique comparativement au contexte d'inaction, etc. ;
- la **composante environnementale** : elle contient notamment les notions de manutention et de transport sécurisés pour l'homme (Par exemple pour les employés hommes et femmes de l'entreprise et les populations environnantes) et pour l'environnement, mais également le principe d'efficacité-ressources, y compris dans le mode de fonctionnement des entreprises privées et des administrations publiques ;
- la **composante sociale et culturelle** : sous cette composante, les infrastructures et les coûts des services, etc. doivent être accessibles et adaptés aux modes de vie de la population. Par exemple, pour les personnes vulnérables et à faibles revenus, des options stratégiques et opérationnelles doivent être imaginées et appliquées. Elle implique, par ailleurs, un mode de gestion

[4] Une activité ou une responsabilité quelconque qui implique des investissements et ou des dépenses de fonctionnement.

sécurisé pour les ménages et les travailleurs du secteur (chauffeurs, machinistes, etc.). Le schéma suivant donne un aperçu visuel de cette conception de l'AAD.

Schéma 1 : Le concept d'assainissement autonome durable (AAD)

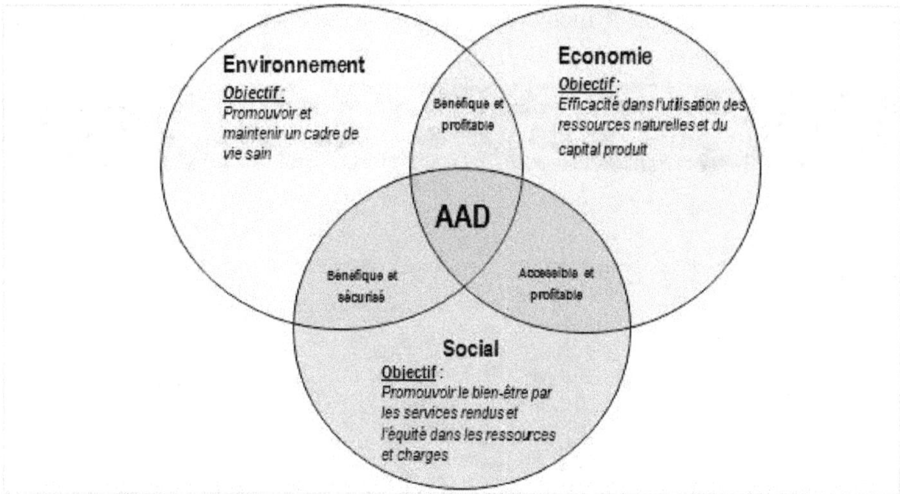

Source : Auteurs

Il faut noter qu'en matière d'assainissement autonome, la gestion des boues de vidange et leur traitement peuvent se faire en fonction du contexte à deux (2) niveaux d'échelle :

- À **l'échelle d'un quartier** : cette approche dite "décentralisée" permet de limiter les distances à parcourir par les vidangeurs entre les fosses et la station de traitement. Cette station peut être construite dans le quartier ou à proximité immédiate s'il y'a suffisamment d'espace (en termes de superficie).
- À **l'échelle de toute la ville** : cette approche dite "centralisée" repose sur la construction d'une seule station de traitement, située généralement à l'extérieur de la ville. Au regard de l'existant, c'est cette approche qui prévaut dans le contexte actuel au Burkina Faso, notamment pour les villes de Ouagadougou et Bobo Dioulasso.

Dans la pratique, ces deux (2) approches ne s'excluent pas : elles peuvent coexister dans un même espace, comme le montre l'exemple de la ville de Dakar qui possède à la fois de petites stations de traitement à l'échelle d'un quartier et plusieurs grosses stations « centralisées ».

Comme mentionné plus haut, dans le contexte actuel du Burkina Faso, seule l'approche centralisée existe.

De manière synthétique, le tableau suivant donne quelques avantages et inconvénients de chacune des deux approches.

Tableau 2 : Avantages et inconvénients de l'assainissement autonome selon l'approche

Échelle d'organisation	Approche centralisée	Approche décentralisée
Avantages	• Organisation plus facile et plus grande maîtrise de la filière ; • Une seule station de traitement à gérer.	• Système de traitement adapté pour chaque micro-contexte local ; • Coût de construction réduit et modulable pour chaque station (car les stations sont plus petites) ; • Distance à parcourir relativement plus réduite pour les vidangeurs. A priori, cette caractéristique est intéressante dans un contexte où la vidange manuelle est développée.
Inconvénients	• Coûts de construction et de fonctionnement relativement plus importants du fait de la taille de la station de traitement ; • Distances à parcourir relativement plus longues pour les camions vidangeurs. Ce qui se traduit	• Multitude d'acteurs à former et à encadrer ; • Difficulté de trouver des emplacements fonciers en nombre suffisant pour les stations. Avec la situation du foncier au Burkina Faso, cette approche peut poser d'énormes difficultés ; • Conflit en termes de Système d'Utilisation des Terres (SUT) ;

Échelle d'organisation	Approche centralisée	Approche décentralisée
	souvent par des surcoûts en termes de carburant et risques de dépotage sauvage ; • Non adaptée pour les vidangeurs manuels qui ne peuvent pas parcourir de grandes distances ; • Inaccessibles pour les communes à faibles capacités financières comme c'est le cas dans la plupart des communes au Burkina Faso.	• Méfiance du voisinage vis-à-vis des stations de traitement au regard des nuisances possibles (Mauvaises odeurs, insalubrité, etc.) - Effet NIMBY[5] ; • Occupation anarchique des espaces dans un contexte de régulation et de contrôle faibles. Ce qui est actuellement le cas au Burkina Faso.

Source : Auteurs, à partir du *Mémento de l'assainissement* (Gabert, Santi et Ily, Chapitre 2B, 2018) ; GRAAD Burkina, 2018)

L'assainissement autonome offre divers avantages comme le montre le tableau 2 ci-dessus. Il offre une flexibilité relativement plus importante en termes de possibilité de modulation des options d'opération pour mieux tenir compte des contextes locaux. Cette flexibilité peut être utilisée pour viser des coûts d'investissement en infrastructures relativement plus réduits et accessibles à des pays à faible capacité financière comme le Burkina Faso. Mais, de nombreux inconvénients sont également notés.

Au-delà de ces quelques notes de synthèse (*Cf.* Tableau 2) qui interpellent, comment ces données s'appliquent-elles au Burkina Faso et dans quelle mesure ? Quelle est la place de l'assainissement autonome

[5] NIMY: Not In My Back Yard : c'est un effet pervers des actions de sensibilisation sur les bonnes pratiques en matière de gestion des déchets. Lorsque les populations ont bien compris les dangers que pose la mauvaise gestion des déchets, elles acceptent difficilement l'installation d'infrastructures de gestion des déchets dans leur environnement immédiat

dans le paysage institutionnel, organisationnel et politique actuel du pays ? Quelles sont les conditions à mettre en place et les garanties à prendre pour développer une chaîne de valeur durable dans l'assainissement autonome ? Autant de questions auxquelles cette recherche a tenté d'apporter des éléments de réponse.

1.3.2. Assainissement autonome : quel intérêt pour le Burkina Faso ?

L'intérêt d'une recherche sur l'assainissement autonome repose sur la thèse selon laquelle ce type d'assainissement peut permettre aux pays en développement comme le Burkina Faso d'agrandir leurs capacités d'offre en la matière (Gabert et *al.*, 2018). Ce qui permettrait donc de mieux viser l'ODD 6 à l'horizon 2030. Dans un pays où l'accès à l'assainissement est très faible, toutes les alternatives, notamment celles liées à l'assainissement autonome, sont à prospecter et c'est dans cette logique que la présente recherche trouve toute sa justification.

Au Burkina Faso, selon le document du Programme National d'Assainissement et des Eaux Usées et Excrétas (PNAEUE, MEA, 2016), l'accès à l'eau potable entre 2000 et 2015 est passé de 41% à 43% en milieu rural et de 75% à 79 % en milieu urbain. Quant à l'accès à l'assainissement à la même période (2000-2015), il est passé de 2 à 12 % dans les zones rurales et de 44 à 48 % dans les zones urbaines.

Pourtant, dans son PNAEUE, le pays s'est engagé à éliminer, d'ici 2030, la défécation à l'air libre et à atteindre l'accès universel à l'eau potable (Programme National d'Approvisionnement en Eau Potable : PNAEP). Seulement, une dizaine d'années à peine avant l'échéance de 2030, près de la moitié (48%) de la population défèque encore à l'air libre. Le Burkina Faso doit donc trouver des pistes de solutions pour accélérer le processus, et l'assainissement autonome peut en être une.

1.3.3. Théorie du changement

Tel qu'ici défini, dans la littérature actuelle, les analyses sur l'assainissement autonome semblent plutôt rares, en particulier dans le cas du Burkina Faso. La question n'a souvent été abordée que partiellement et parfois de manière segmentée (Gabert, 2012).

La présente recherche se propose d'apporter sa contribution à cette littérature en produisant de nouvelles connaissances sur le sujet afin d'orienter la décision publique dans le sens d'une plus grande efficacité. Dans cette vision, la théorie du changement peut être résumée comme suit (*Cf.* Schéma 2).

Schéma 2 : Théorie du changement

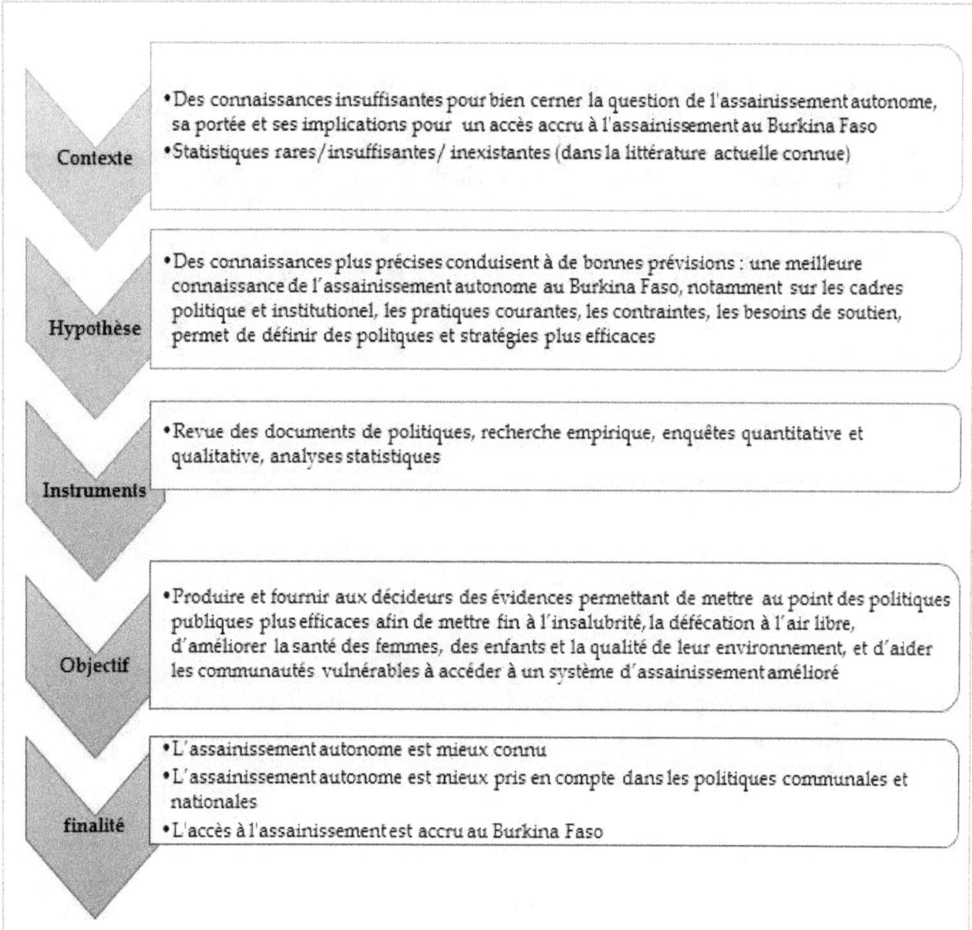

Source : Auteurs

1.4. Méthodologie de collecte des données

1.4.1. Déroulement de la recherche

La mise en œuvre de la recherche a été construite autour de cinq (5) principales phases non exclusives dans le temps. Le tableau suivant synthétise le contenu de chacune de ces phases selon l'objectif visé et l'approche utilisée.

Tableau 3 : Principales étapes de la recherche selon le résultat visé et la méthode de réponse

N°	Résultat visé	Approche méthodologique
Phase 1	Cadrage de la recherche	o Missions de prospection o Observations de terrain o Rencontres avec des parties prenantes clés
Phase 2	État des lieux en termes de politique en matière d'assainissement autonome	o Revue de littérature o Observations de terrain o Analyse de contenu
Phase 3	Formation des enquêteurs	o Ateliers de formation
Phase 4	Collecte de données	o Enquêtes quantitative et qualitative o Analyse de contenu
Phase 5	Production de livrables	o Analyse de contenu o Production de statistiques descriptives o Analyse des données/résultats o Publication

Source : Auteurs

1.4.2. Cibles et déroulement de la collecte des données

En termes de ciblage, une approche multi-acteurs a été privilégiée. Différentes cibles ont été choisies de manière raisonnée en tenant compte de quatre (4) principaux critères listés dans le tableau 4 ci-dessous qui donne en même temps les choix opérés à la fin du processus.

Tableau 4 : Répartition des principales cibles de la recherche selon les critères retenus

Critères	Options	Cibles/Zones
1. Grandes villes	Milieu urbain et préurbain	• Ouagadougou • Bobo Dioulasso
2. Villes secondaires		• Fada N'Gourma • Dédougou
3. Nature de l'acteur	• Ménages (515) • Opérateurs privés (64) • Administrations (centrale, régionale, locale)	
4. Nature de l'espace de production des déchets	• Habitats des ménages	

<u>**Source**</u> : Auteurs

Dans la pratique, la collecte des données quantitatives qui a consisté à l'administration de questionnaires aux acteurs ciblés (ménages, entreprises de valorisation, vidangeurs, communes) s'est déroulée du 11 au 30 novembre 2019. Elle a concerné quatre (04) communes qui sont : Ouagadougou, Bobo Dioulasso, Fada N'Gourma et Dédougou. Cette enquête a démarré par le recrutement de treize (13) agents de collecte de données. Dans le sens de l'assurance qualité des données, les capacités de ces agents ont été renforcées par une formation de deux (2) jours. En termes de résultats sur la collecte des données, le tableau 5 ci-dessous fait un bilan des cibles atteintes par rapport aux prévisions de départ.

Tableau 5 : Répartition des cibles de l'enquête quantitative

Localité	Nb*. d'enquêteurs	Eff*.de ménages	Eff. Vidanges mécaniques	Eff. Vidanges manuelles	Eff. Services de valorisation
Ouagadougou	8	372	11	13	11
Bobo Dioulasso	3	103	10	6	0
Fada N'Gourma	1	20	2	2	2
Dédougou	1	20	1	3	3
Total	**13**	**515/500**	**24/24**	**24/20**	**16/28**

<u>**Source**</u> : Auteurs, Enquête WASPA, 2019 | *Eff=Effectif Nb=Nombre

En ce qui concerne l'enquête qualitative, elle a été conduite par l'équipe de recherche du GRAAD Burkina. De manière générale, dans chaque commune, l'entretien a concerné cinq (05) cibles. Il s'agit de quatre (04) structures publiques (la mairie, l'ONEA et les directions régionales en charge de l'assainissement, et de l'environnement) et d'une (01) structure privée (Association de vidangeurs[6]). À Ouagadougou, en plus de ces structures, l'Assemblée Nationale a été visée.

1.4.3. Approche et outils de collecte de données

Conformément à la démarche proposée, la recherche a eu recours à deux (2) types de données : les données secondaires et les données primaires.

En ce qui concerne les données secondaires, il s'agit de données qui existaient déjà au moment de la recherche. Elles ont été collectées à partir de documents et de bases de données d'institutions ou d'organismes spécialisés (Banque Mondiale, WaterAid, MEA, Eau et Assainissement pour l'Afrique, EAA) (ex. Centre Régional pour l'Eau Potable et l'Assainissement à Faible Coût : CREPA). L'exploitation des données secondaires est très utile pour mieux cadrer les recherches au départ et pour disposer d'informations qui ne peuvent être autrement obtenues au regard des ressources et du temps dédiés à la recherche. Dans cette recherche, les données secondaires ont été notamment utilisées pour le ciblage des acteurs clés.

Quant aux données primaires, elles concernent les données collectées directement auprès de cibles retenues. La collecte de ce type de données s'est faite sur la base d'approches à la fois quantitative et qualitative. Comme indiqué plus haut, les outils utilisés sont les questionnaires et les guides d'entretien semi-structurés dont les contenus ont été construits selon les besoins de la recherche et la cible. Au total trois (3) questionnaires et quatre (4) guides d'entretien ont été déployés.

1.4.4. Méthode d'analyse des données

Après les phases d'apurement, l'analyse des données s'est faite suivant deux (02) approches : la statistique descriptive et les études de cas. Pour les cibles pour lesquelles les données ont été jugées suffisantes, l'analyse

[6] Association qui ne semble pas bien connue des tous les acteurs

par les statistiques descriptives a été appliquée. Dans ce cas, le traitement et l'exploitation des données ont été faits essentiellement avec les logiciels Excel, SPSS et Stata SE.

Pour les cas où les données sont jugées relativement réduites, l'approche par l'étude de cas a été privilégiée. Cette approche a permis de rester rigoureux dans les analyses tout en donnant une idée globale de ce que pourrait être la situation à l'échelle locale et/ou nationale.

1.5. Principales caractéristiques des cibles enquêtées

Dans cette section, il s'agit de donner un bref aperçu des principales caractéristiques des cibles enquêtées selon certains critères d'intérêt notamment en ce qui concerne le plaidoyer et les actions de sensibilisation à mener.

1.5.1. Caractéristiques des ménages enquêtés

Selon la localité, le genre et la nature de l'emploi, les graphiques suivants donnent la répartition finale de l'échantillon des ménages. En fonction des besoins de la recherche, des analyses croisées plus spécifiques et approfondies sont faites dans les chapitres qui suivent (*Cf.* Chapitre 3 à 5).

Graphique 1 : Répartition des ménages enquêtés selon la localité

Localité	Eff. des ménages	%
Ouagadougou	372	72
Bobo Dioulasso	103	20
Fada N'Gourma	20	4
Dédougou	20	4
Total	515	100

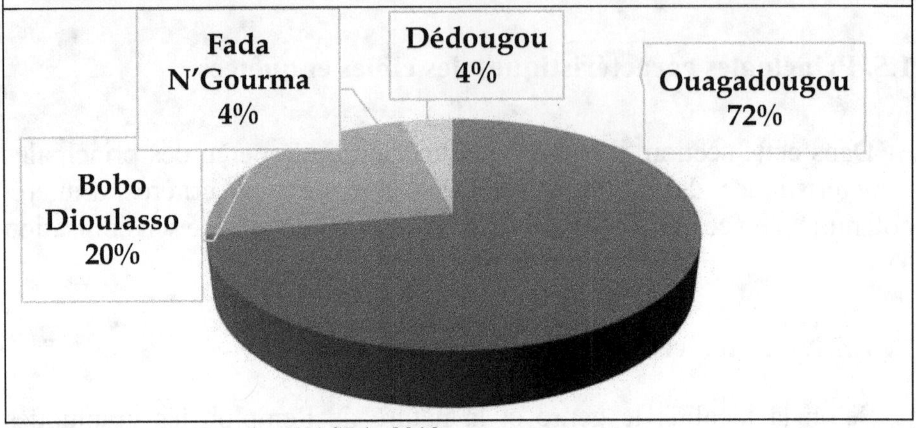

Source : Auteurs, Enquête WASPA, 2019

Graphique 2 : Répartition des ménages selon le sexe du chef de ménage

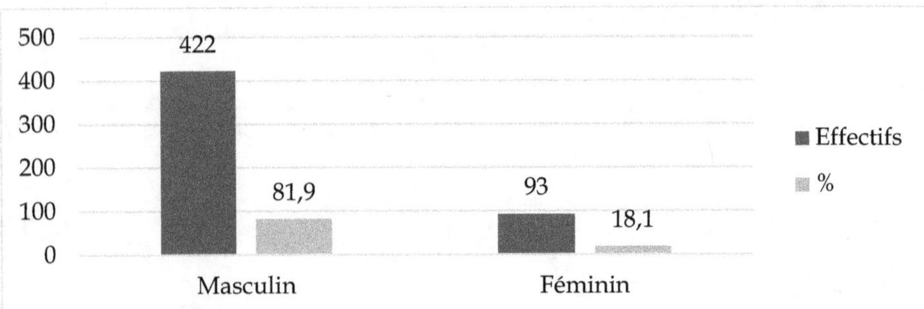

Source : Auteurs, Enquête WASPA, 2019

Graphique 3 : Répartition des ménages selon l'âge du chef de ménage

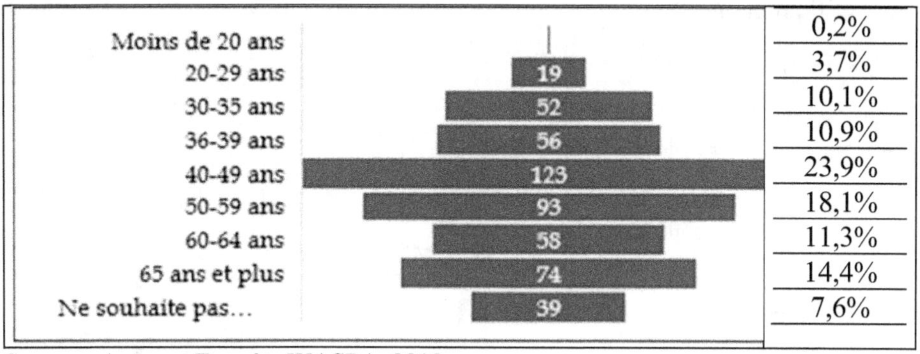

Source : Auteurs, Enquête WASPA, 2019

Graphique 4 : Répartition des ménages selon le groupe d'âge et le sexe du chef de ménage (effectif)

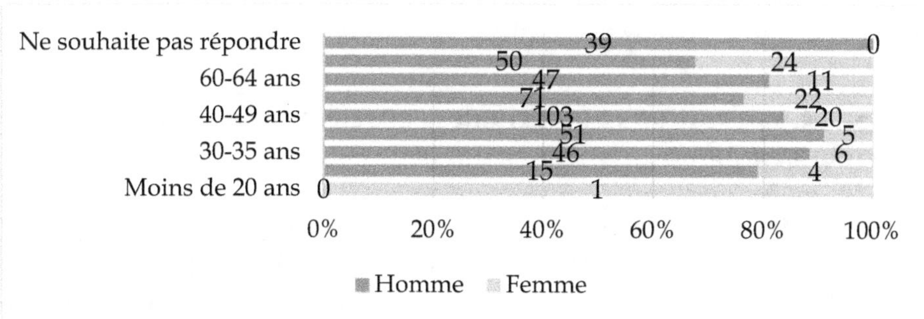

Source : Auteurs, Enquête WASPA, 2019

Graphique 5 : Répartition des ménages selon le principal secteur d'activité du chef de ménage

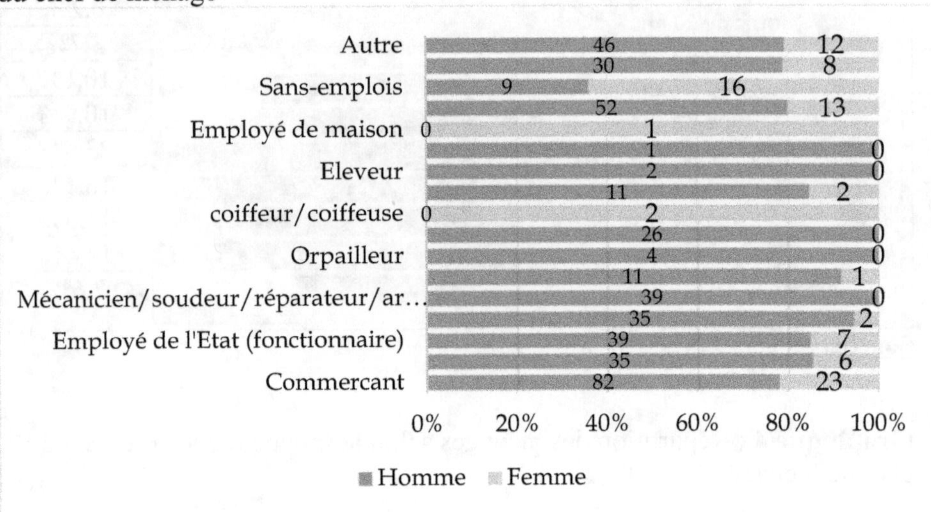

Source : Auteurs, Enquête WASPA, 2019

1.5.2. Composition et principales caractéristiques des autres acteurs enquêtés

Partant de l'approche multi-acteurs adoptée, en dehors des ménages, la recherche a touché d'autres acteurs importants. Le graphique suivant résume les effectifs de ces autres acteurs (entreprises, y compris les entreprises individuelles) selon la localité.

Graphique 6 : Composition de l'échantillon des autres acteurs enquêtés selon la localité

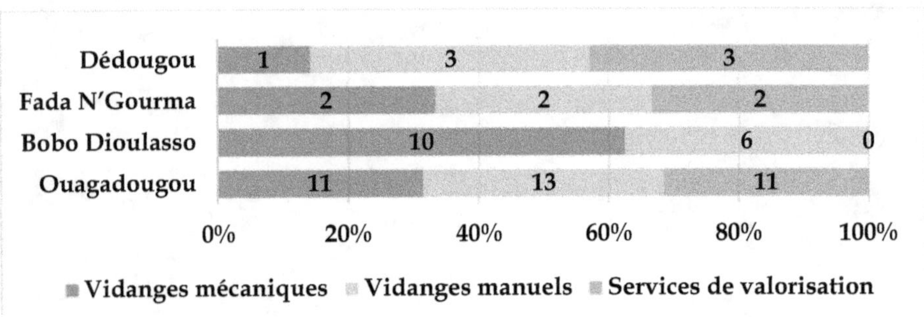

Source : Auteurs, Enquête WASPA, 2019

1.6. Limites de la recherche

De manière générale, la recherche s'est bien déroulée. Elle a réussi à dépeindre la situation telle qu'elle est dans sa globalité aujourd'hui malgré quelques difficultés liées surtout à l'accès aux données. Deux principales limites de la recherche allant surtout dans le sens de nouvelles perspectives de recherche méritent d'être soulignées.

- La possibilité de couvrir de manière plus précise le sujet a été limitée par des contraintes budgétaires. Cette situation a contraint quelque peu le choix de l'équipe notamment en matière de zones et de cibles à couvrir. Toutefois, l'équipe a veillé à appliquer une méthode adaptée à ce type de situation. Au-delà des quatre (4) villes retenues, une meilleure couverture de l'espace burkinabè, notamment la prise en compte du milieu rural permettrait d'avoir une approche plus holistique du problème. Un niveau de couverture plus grand permettrait également d'approfondir les analyses sur les chaînes de services et de valeurs plutôt limitées dans cette recherche.
- Malgré les lettres d'appui et les nombreuses relances, certaines structures n'ont pas pu répondre et aux entretiens sollicités et/ou aux questionnaires dans les délais impartis. Selon notre lecture des contextes, cette situation est en partie due au fait que dans la plupart des cas, il n'y a pas de gouvernance ou de mécanisme rigoureusement mis en place pour la gestion des déchets ici analysés.

CHAPITRE 2

Assainissement autonome au Burkina Faso : cadres politique et institutionnel

L'analyse de la documentation actuelle montre que le contexte burkinabè est marqué, dans son ensemble, par une volonté politique forte, confirmée par de nombreuses initiatives à la fois politico-stratégiques, juridiques et institutionnelles en ce qui concerne la question générale de l'assainissement. Dans ce chapitre, ces politiques sont analysées à travers l'identification des insuffisances et des gaps sur lesquels la promotion de l'assainissement autonome pourrait faire des différences significatives au regard des bonnes pratiques actuelles.

2.1. Cadres politique et stratégique

2.1.1. Analyse du cadre politique en lien avec la question générale de l'assainissement

Avec la première stratégie nationale d'assainissement de 1996, le gouvernement burkinabè s'est résolument engagé à doter le pays d'un cadre de vie agréable. Ces dernières années sont marquées par l'élaboration, l'adoption et la mise en œuvre de textes fondamentaux qui se sont traduites par des avancées significatives aux plans technique et institutionnel.

Partant justement de cette question générale d'assainissement, le tableau suivant résume les textes les plus importants d'avant 2005, leur contenu et un bref aperçu de leurs forces et faiblesses au regard du contexte actuel.

Tableau 6 : Analyse des politiques publiques d'avant 2005 en lien avec la question générale de l'assainissement

Référence du texte/lien avec le sujet	Contenu essentiel en lien avec la problématique de l'assainissement	Évaluation par rapport au contexte actuel	
		Forces	Insuffisances
La Constitution de la IVème République de 1991, adoptée par référendum, le 02 juin 1991 ***La Constitution constitue la loi fondamentale pour tout pays. En tenant compte des ODD, elle devra traiter forcément de la promotion d'un cadre de vie sain.***	Cette Constitution traite effectivement de la protection de l'environnement et du droit à un cadre de vie sain. Toutefois, la question de l'assainissement est diffuse dans la question générale de cette protection de l'environnement	- Fait de la vie dans un environnement sain un droit pour chaque citoyen - Fait du citoyen un acteur de la promotion d'un environnement sain - Donne au citoyen le droit d'initier une action ou d'adhérer à une action collective sous forme de pétition contre des actes portant atteinte à l'environnement - Prévoit clairement la réglementation du stockage, la manipulation et l'évacuation des déchets toxiques ou polluants provenant des usines et autres unités industrielles ou artisanales	- Obsolète au regard des nouveaux paradigmes de développement actuels notamment ceux relatifs aux concepts de production et de consommation durables (MPCD), économie circulaire, symbiose industrielle, etc.

Référence du texte/lien avec le sujet	Contenu essentiel en lien avec la problématique de l'assainissement	Évaluation par rapport au contexte actuel	
		Forces	**Insuffisances**
		installées sur le territoire national à travers la loi.	
La Politique Nationale de Population (PNP), adoptée en 1991 ***Quel que soit le mode/style de vie, la problématique des déchets est une problématique de population. La quantité produite de déchets et leurs natures dépendent des caractéristiques de cette population. Une bonne gestion des déchets part donc d'une bonne politique de population.***	Elle évoque en quatre (4) points la question de l'assainissement. Comme pour la Constitution de 1991, cette question est diffuse dans celle du bien-être général de la population	- Fait de la vie dans un environnement sain un droit pour chaque citoyen - Fait de l'équilibre population-ressources naturelles un objectif spécifique, ce qui peut être placé dans le cadre général des MCPD	- Obsolète au regard des grandes évolutions faites en matière de gouvernance - Non prise en compte de la croissance démographique actuelle - Non prise en compte de la décentralisation et de la communalisation intégrale - Non prise en compte du Schéma national d'aménagement du territoire (SNAT), etc.
Stratégie nationale d'éducation environnementale (SNEE), adoptée en 2001 ***La bonne gestion des déchets***	Elle définit les orientations et les principes selon lesquels l'apprentissage sur les questions environnementales	- Introduction et reconnaissance de la nécessité de changer les comportements à la base	- Faible application - Absence des thématiques essentielles des MCPD, notamment

Référence du texte/lien avec le sujet	Contenu essentiel en lien avec la problématique de l'assainissement	Évaluation par rapport au contexte actuel	
		Forces	Insuffisances
quelles que soient leurs natures n'est pas seulement une question d'infrastructures et de moyens financiers. Elle relève fondamentalement du comportement du producteur et du consommateur d'où l'importance d'une bonne politique de population mentionnée plus haut. ***En matière d'assainissement, la réussite dépend des attitudes et donc de l'éducation. Ici, la sensibilisation et le plaidoyer prennent tout leur sens.***	doivent se faire dans le sens de la protection de l'environnement et du cadre de vie	- Traite de la question des pollutions, notamment par les déchets.	celles liées aux bonnes pratiques actuelles en matière de gestion des déchets
Politique nationale en matière d'hygiène publique (2004)	- Elle aborde assez clairement la question de l'hygiène publique. - Comporte des dispositions en matière de : approvisionnement en eau potable, traitement des eaux usées et des excréta ; collecte,	- Aborde plus clairement la question de la gestion des déchets solides et liquides	- Faible application - Absence des thématiques essentielles des MCPD

Référence du texte/lien avec le sujet	Contenu essentiel en lien avec la problématique de l'assainissement	Évaluation par rapport au contexte actuel	
		Forces	Insuffisances
	évacuation, traitement des déchets solides ; drainage des eaux de pluie ; hygiène des denrées alimentaires ; hygiène de l'air et la lutte contre les gaz, odeurs et poussières, etc.		

Source : Auteurs, à partir des documents de politiques

De manière générale, la lecture des politiques développées à la période étudiée dans une perspective d'évaluation fait ressortir les faits et constats suivants :

- Des textes qui consacrent les principes de droits en matière de cadre de vie sain et qui offrent la possibilité aux citoyens d'agir et d'interpeller sur la question. Ces textes abordent également les questions de pollution et autres nuisances. Aussi, la recherche conclut-elle que, dans sa conception générale, l'assainissement est relativement bien pris en compte dans les textes burkinabè, déjà pour cette période.

- Des textes pour la plupart déphasés aujourd'hui, au regard des nouveaux paradigmes de développement introduits notamment par les ODD ;

- La question de l'assainissement est une question de population. La quantité de déchets produite dans un pays dépend évidemment de la structure, des caractéristiques et des comportements de la population, mais aussi des pratiques et des technologies utilisées pour la gestion des déchets produits. Mais, malgré cette évidence, les politiques ici analysées sont faiblement mises en lien avec la politique nationale de la population (elle-même faiblement voire, non appliquée) et avec la politique nationale du genre. Cependant, ces deux (02) éléments sont des facteurs clefs pour la maîtrise de la question de l'assainissement.

- Telles que conçues, les politiques ici étudiées abordent de manière très générale la question de l'assainissement. Une telle situation conduit inexorablement à des évaluations lourdes et trop générales pour bien maîtriser le problème ou pour pouvoir développer des options stratégiques pointues alignées sur des questions précises comme celles de l'assainissement autonome.

  Dans ce genre de situation, le traitement dispersé du problème est récurrent. Ce que souligne d'ailleurs la plupart des acteurs interrogés. Par ailleurs, les sous-secteurs pour lesquels les données sont plus disponibles sont favorisés au détriment des secteurs méconnus.

Comme résultat, la situation se traduit en général par un traitement très déséquilibré des sous-secteurs en présence. Dans le cas du Burkina Faso, cet état de fait s'est traduit par de grandes avancées notamment en ce qui concerne les déchets solides ménagers, la priorité pour les questions d'accès aux services de collecte, la négligence de certains maillons comme celui des transports, et des ressources humaines travaillant dans le secteur. C'est précisément cette analyse que la recherche fait pour le cas du secteur de l'assainissement autonome. Pour la maîtrise d'une problématique de développement, une bonne combinaison d'une approche globale et de traitements spécifiques sont nécessaires. Dans le cas du Burkina Faso, l'approche globale semble limiter fortement la prise en compte des besoins stratégiques spécifiques de développement de sous-secteurs comme celui de l'assainissement autonome.

2.1.2. Analyse des politiques en lien avec l'assainissement autonome durable

Malgré l'intérêt que peut avoir une analyse plus poussée de la période d'avant 2005, la présente recherche va s'intéresser exclusivement aux politiques et stratégies des quinze (15) dernières années, c'est-à-dire celles d'après 2005. Ce choix est fait expressément pour orienter et maintenir les débats dans un contexte plutôt récent.

Tableau 7 : Analyse critique des politiques publiques d'après 2005 en matière d'Assainissement autonome

Référence du texte/lien avec le sujet	Contenu essentiel en lien avec le concept de l'AAD	Évaluation par rapport au contexte actuel	
		Forces relatives	**Insuffisances**
Politique et Stratégie Nationales d'Assainissement (PSNA) adoptée en juillet 2007 ***Contrairement à la généralité jusque-là constatée, la PSNA tente de mieux cerner la question de l'assainissement par une meilleure définition du niveau sectoriel. Elle définit ainsi quatre (4) sous-secteurs. Ce qui constitue une grande avancée par rapport aux critiques faites aux politiques antérieures.***	Deux (2) occurrences du mot autonome : - pour aborder l'équipement de domicile en ouvrages autonomes (PSAO et Bobo Dioulasso) et, - pour évoquer le coût relativement élevé des ouvrages autonomes.	- Aborde déjà quelques aspects de l'Assainissement autonome, notamment, ceux des ouvrages/infrastructures - Pose également les problématiques de la gestion catastrophique des boues de vidange - Définit des sous-secteurs de l'assainissement. Ce qui devrait permettre une meilleure planification des actions et une meilleure affectation des ressources.	- Une approche très réductrice du concept d'assainissement autonome qui semble plutôt limitée à l'offre d'infrastructures de collecte des boues de vidange. - Plutôt faible au regard des nouveaux paradigmes de développement actuels (MCPD, principes « Réduction, Réutilisation et Recyclage » (3R), etc.)
La Politique Nationale Genre (PNG), adoptée en juillet 2009	Elle pose le problème de l'égalité en matière d'accès aux ressources en général et à	- Établissement de lien genre et développement - Fait de la femme un moteur du développement	- Faible application - Faible représentativité des femmes dans les organes de gestion du

Référence du texte/lien avec le sujet	Contenu essentiel en lien avec le concept de l'AAD	Évaluation par rapport au contexte actuel	
		Forces relatives	Insuffisances
Pour la promotion durable d'un cadre de vie sain, le genre est une question centrale	l'eau potable en particulier. En impliquant la femme dans le développement, elle l'implique tacitement dans la question de l'assainissement	- Attire l'attention sur les implications de la non prise en compte du genre dans les politiques publiques	secteur de l'eau et de l'assainissement - Insuffisante prise en compte de leurs problèmes et besoins spécifiques (Exemple : hygiène menstruelle) dans le choix des politiques de protection sociale, ouvrages et des technologies
La Stratégie de croissance accélérée et de développement durable (SCADD, 2011-2015	Elle est celle qui intègre au mieux le concept de développement durable au niveau macroéconomiq ue à côté de la PNDD. La SCADD : - Aborde la question générale de l'Assainissem ent avec 30 occurrences au total - Pose la problématique de la défécation à l'air libre et la faiblesse des moyens des collectivités	- Inscrit dans son objectif stratégique 7, la question de l'assainissement - Vise toujours dans l'objectif stratégique 7, l'accroissement du taux d'accès à l'assainissement amélioré aussi bien en milieu rural qu'en milieu urbain. Une précision de taille comparativement aux politiques antérieures	- Une approche plutôt réductrice du concept d'assainissement autonome - Plutôt faible au regard des nouveaux paradigmes de développement actuels (MCPD, principes des 3R, etc.) - Faiblesse des résultats atteints par rapport aux objectifs fixés

Référence du texte/lien avec le sujet	Contenu essentiel en lien avec le concept de l'AAD	Évaluation par rapport au contexte actuel	
		Forces relatives	Insuffisances
	territoriales pour la gestion des déchets		
La Politique nationale du développement durable (2013)	Fixe les conditions dans lesquelles le Burkina Faso peut planifier son développement durable de manière large. La PNDD se veut un cadre global, à partir duquel les principes généraux sont à traduire en actions spécifiques au niveau des politiques sectorielles	- Aborde plus clairement la thématique des MCPD - Aborde la question de la valorisation des déchets de manière plus claire que tous les textes précédents	- Faible application - Relativement faible au regard de l'évolution actuelle sur les concepts de gestion intégrée des déchets
Plan national pour le développement économique et social (PNDES, 2016-2020)	Il vise clairement la question de la gestion des déchets en intégrant la thématique dans ses objectifs stratégiques : « *....à améliorer l'assainissement, en portant son taux de 18% en 2015 à 34% en 2020, à accroître le nombre de*	- Aborde plus clairement la thématique des MCPD en accord avec la PNDD - Aborde la question de la valorisation durable des ressources et donc beaucoup mieux les questions de MPCD - Introduit plus clairement les notions d'efficacité-ressources et d'économie circulaire. Il prend	- Fin de la période de planification - Une approche plutôt réductrice de l'assainissement en général et de l'assainissement autonome en particulier. Comme précédemment mentionné pour la PSNA, le PNDES semble plutôt limité à l'offre

Référence du texte/lien avec le sujet	Contenu essentiel en lien avec le concept de l'AAD	Évaluation par rapport au contexte actuel	
		Forces relatives	Insuffisances
	communes dotées d'un système fonctionnel de gestion des déchets solides de 13% en 2015 à 25% en 2020, la superficie d'espaces verts reboisés dans les communes urbaines de 75 hectares en 2015 à 180 hectares en 2020 et la proportion d'établissements primaires et secondaires où l'éducation environnementale est enseignée de 3% en 2015 à 7% en 2020... »	ainsi en compte les problématiques sous-jacentes des questions de chaîne de valeur : questions importantes en matière d'assainissement autonome - Intègre dans son axe stratégie 2, *l'accès pour tous à un cadre de vie décent, à l'eau et à l'assainissement de qualité.* Cet axe est clairement une porte ouverte pour la promotion de l'assainissement autonome	d'infrastructures de collecte des boues de vidange. - La question de l'assainissement est noyée dans les défis relatifs à l'eau, l'accès étant la principale vision pour l'assainissement
Politique sectorielle, environnement, eau et assainissement (PS-EEA, 2018-2027)	L'élaboration de cette politique sectorielle fait suite à l'option du Gouvernement d'adopter l'approche fondée sur les secteurs de planification et la nécessité de définir de nouvelles orientations, de	Développe des concepts pouvant permettre d'aller plus loin avec l'assainissement autonome : - *Assainissement Total Porté par les Communautés (ATPC), Assainissement Total Piloté par les Leaders (ATPL)*	- Approche réductrice du concept d'AAD. Les infrastructures semblent être la priorité malgré tous les principes édictés. Or, il est clair que, si cela est nécessaire, c'est insuffisant

Référence du texte/lien avec le sujet	Contenu essentiel en lien avec le concept de l'AAD	Évaluation par rapport au contexte actuel	
		Forces relatives	Insuffisances
	nouveaux objectifs et instruments en vue de faire du Burkina Faso un pays vert et prospère La PS-EEA vise à *assurer un accès à l'eau, à un cadre de vie sain et à renforcer la gouvernance environnementale et le développement durable dans l'optique d'améliorer les conditions économiques et sociales des populations*	- Pose clairement les grandes questions (pertinentes) relatives aux défis de l'assainissement durable o *comment assurer l'accès universel à l'assainissement et à un cadre de vie décent à une population de plus en plus croissante ?* o *comment assurer un assainissement durable des villes dans un contexte d'extension de l'habitat spontané ?* o *comment assurer un financement durable et une gouvernance efficace du secteur avec des ressources humaines et matérielles en quantité et en qualité suffisante ?* - Fondée sur les principes de durabilité - Son axe 3 est consacré à l'*Assainissement et l'amélioration du cadre de vie* - Meilleur cadrage de la problématique avec une bonne	

Référence du texte/lien avec le sujet	Contenu essentiel en lien avec le concept de l'AAD	Évaluation par rapport au contexte actuel	
		Forces relatives	Insuffisances
		définition de sous-secteurs pertinents, avec une réorganisation institutionnelle - L'eau est séparée de l'assainissement qui rime désormais avec amélioration du cadre de vie - A défini clairement un objectif relatif à la fin de la défécation à l'air libre (FDAL). Elle vise à faire *passer la proportion de villages et secteurs certifiés "fin de la défécation à l'air libre (FDAL)" de 1% en 2015 à 30% en 2020 et à 80% en 2027* - Dans l'ensemble, la PS-EEA fait donc une grande avancée par rapport à l'ensemble des textes précédents.	
La Stratégie de Développement Rural (SDR) à l'horizon 2025	Adoptée en 2003 et révisée en 2015, la SDR a pour objectif global d'« *assurer une croissance soutenue du secteur rural en vue de contribuer à la lutte contre la pauvreté, au*	- Intègre assez bien les principes de développement durable - Intègre dans ses sept (7) objectifs spécifiques, le besoin *d'assurer aux populations un accès durable à l'eau potable et à l'assainissement*	- La question de l'assainissement est automatiquement liée à celle de l'accès à l'eau potable et à d'autres problématiques relativement lointaines comme celle des

Référence du texte/lien avec le sujet	Contenu essentiel en lien avec le concept de l'AAD	Évaluation par rapport au contexte actuel	
		Forces relatives	**Insuffisances**
	renforcement de la sécurité alimentaire et à la promotion d'un développement durable ».	- Relève le besoin d'assurer un accès équitable à l'eau potable, à l'hygiène et à l'assainissement et les défis sous-jacents - Pointe du doigt *le faible taux d'accès à l'assainissement des eaux usées et excreta notamment en milieu rural lié aux pesanteurs socioculturelles persistantes* - *Intè*gre dans son axe 4 la question de l'assainissement en lien avec l'amélioration du cadre de vie - Propose de mieux maîtriser la problématique par une approche plus holistique du problème prenant en compte toute la chaîne (collecte, transport, valorisation, etc.). De ce fait, elle permet de donner au concept de chaîne de valeur une place importante dans les politiques burkinabè en matière d'assainissement, du moins en théorie. - Évoque des solutions	polluants nucléaires - Approche dans l'ensemble réductrice du concept de l'AAD. Malgré les propositions pertinentes faites, les infrastructures semblent être la priorité comme dans d'autres politiques mentionnées plus haut. Ce qui réduit en pratique la place accordée au concept de chaîne de valeur

Référence du texte/lien avec le sujet	Contenu essentiel en lien avec le concept de l'AAD	Évaluation par rapport au contexte actuel	
		Forces relatives	Insuffisances
		intéressantes comme ATPC, l'intercommunalité, l'amélioration des connaissances sur le sujet, etc. - Prévoit la réalisation de latrines	
Politique Nationale de Protection Sociale à l'Horizon 2022	Adoptée en 2012, elle a pour objectif global de contribuer au changement qualitatif des conditions de vie de toutes les couches sociales par le développement de mécanismes adéquats pérennes de prévention et de couverture des risques majeurs et de gestion des chocs et l'extension de l'assurance sociale à toutes les catégories de travailleurs et l'élargissement de la gamme des prestations à tous les risques sociaux.	- Évoque les principes intéressants de décentralisation, de subsidiarité, d'anticipation, de participation, d'appropriation, etc.	- Absence quasi-totale de la question de l'Assainissement
La Politique Nationale de l'Habitat et du	Adoptée en juillet 2008, la PNHDU a pour	- Fait du cadre de vie sain une question importante à l'instar	- Plutôt faible sur les questions d'assainissement

Référence du texte/lien avec le sujet	Contenu essentiel en lien avec le concept de l'AAD	Évaluation par rapport au contexte actuel	
		Forces relatives	Insuffisances
Développement Urbain (PNHDU, 2008-2018)	objectif général de créer les conditions pour l'amélioration du cadre de vie des populations en renforçant la contribution des villes à la lutte contre la pauvreté	des autres politiques comme la PS-EEA, la PSNA, etc. - Traite des questions d'urbanisation en lien avec les principes de développement durable	- Fin de la période de planification

__Source__ : Auteurs, à partir des documents de politiques

De manière générale, l'analyse des politiques de ces quinze (15) dernières années laisse apparaître des évolutions qualitatives très significatives par rapport à la période d'avant 2005. Les textes sont relativement plus détaillés et précis, les secteurs segmentés dans le but de faciliter des analyses plus fines et de planifications plus efficaces, etc. Par rapport à la question spécifique de l'assainissement autonome, les grands constats sont les suivants :

Sur le plan des forces :

- une prise de conscience plus grande et plus fine des enjeux liés à l'assainissement autonome toujours accompagnée d'une forte volonté politique. À titre d'exemple, diverses politiques prévoient des infrastructures de collecte, la promotion du concept de chaîne de valeur, etc. ;
- une meilleure connaissance et une meilleure organisation du secteur de l'assainissement en général ;
- des textes plus pertinents et plus complets sur les paradigmes actuels du développement fondés sur les ODD.

En termes de faiblesses :

- la faiblesse voire le manque d'une vision intégrée de la problématique de l'AAD ;
- des approches pour la plupart réductrices du concept d'AAD. Dans la plupart des politiques, l'AAD est pratiquement réduit à la

construction des infrastructures de précollecte et de traitement des boues de vidange ;

- un secteur faiblement encadré dans la pratique avec la faible application des textes. Une faiblesse générale constatée presque dans tous les secteurs au Burkina Faso ;
- des faiblesses relatives aux outils de mise en œuvre, notamment l'absence de normes dans de nombreux sous-secteurs ;
- un alignement limité des objectifs des textes visant à mettre fin à la défécation à l'air libre (FDAL) en 2030.

Schéma 3 : Position du contexte politique burkinabè par rapport au concept d'AAD

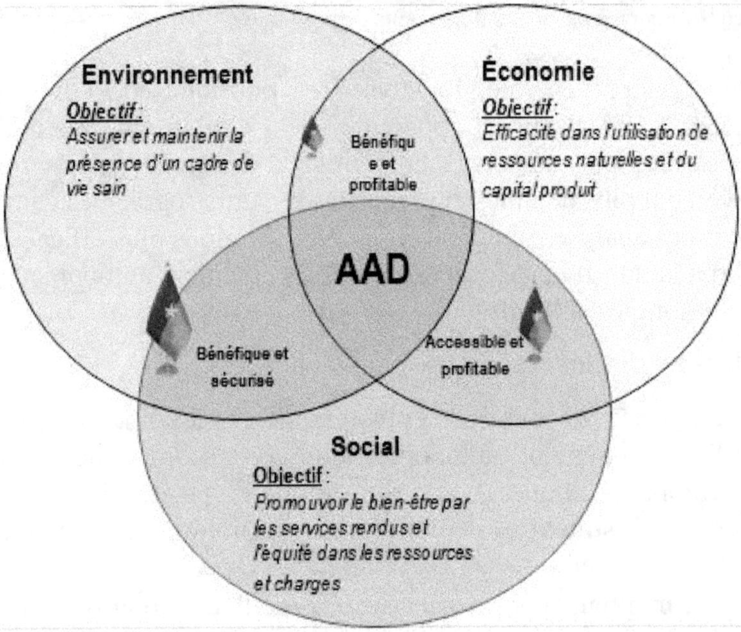

Source : Auteurs

En tenant compte de tous les éléments d'analyse et en référence au concept d'ADD défini plus haut, les avancées du Burkina Faso en termes de politiques peuvent être situées comme indiqué dans le schéma 3 ci-dessus. Sur ce schéma, la taille du drapeau représente l'importance des avancées politiques, stratégiques et réglementaires sur le sujet de l'ADD.

En résumé, le pays a beaucoup travaillé et avancé sur les questions d'accès aux infrastructures sanitaires en lien avec l'objectif de la préservation ou de la promotion d'un cadre de vie sain. Concernant ce volet, les politiques et les observations faites sur le terrain montrent que les avancées les plus importantes concernent surtout l'amont, notamment la mise à disposition de toilettes au profit des ménages. En aval, quelques stations de traitement sont construites mais restent mal, sous ou surexploitées selon les cas.

Dans le contexte actuel, le volet relatif à l'économique reste à prospecter et à développer. Excepté la prise en compte des outils d'économie de marché comme le principe du pollueur-payeur (qui est d'ailleurs faiblement appliqué), les questions de valorisation, de rentabilisation, d'efficacité-ressources, etc. restent presqu'entièrement posées, dans la mesure où elles apparaissent faiblement dans les politiques courantes. Or, les connaissances et les technologies actuelles permettent de faire de la boue de vidange un véritable marché qui présente des enjeux de développement importants. C'est dans un tel contexte que le slogan « *les boues de vidange, et si on en faisait de l'or* » prend tout son sens.

2.2. Cadres organisationnel et institutionnel

L'assainissement autonome ne dispose pas de cadre institutionnel spécifique. En tant qu'élément de la question générale de l'assainissement, les questions y relatives sont gouvernées par le cadre institutionnel général en charge de l'Environnement, Eau et Assainissement (EEA) en place, et dans une moindre mesure par les structures en charge de l'urbanisme et de l'habitat. Dans le contexte actuel, notamment celui de la gouvernance de la politique sectorielle Environnement, Eau et Assainissement (PS-EEA, 2018-2027), la question de l'assainissement est gérée par les différents ministères suivants :

- **Ministère de l'Eau et de l'Assainissement** (MEA) qui a pour missions d'assurer non seulement la mise en œuvre, mais également le suivi de la politique du Gouvernement burkinabè dans le domaine de l'eau et de l'assainissement. Ces missions sont consacrées par le décret n° 20170148/PRES/PM/SGG-CM du 23 mars 2017 portant attributions des membres du Gouvernement du Burkina Faso.

Dans la pratique, le MEA agit à travers un dispositif constitué de plusieurs organes de l'administration publique. Il s'agit, entre autres, de la Direction Générale des Infrastructures Hydrauliques (DGIH), la Direction Générale des Ressources en Eau (DGRE), le Secrétariat Permanent pour la Gestion Intégrée des Ressources en Eau (SP/GIRE), la Direction Générale de l'Eau Potable (DGEP), la Direction Générale de l'Assainissement (DGA), l'Office National de l'Eau et de l'Assainissement (ONEA), l'Agence d'Exécution des Travaux Eau et Équipement Rural (AGETEER) et les Agences de l'Eau (PS-EEA, 2018-2027).

- **Ministère de l'Environnement, de l'Economie Verte et du Changement Climatique**. Comme son nom l'indique, ce Ministère a pour missions, au terme du décret n° 2017-0148/PRES/PM/SGG-CM du 23 mars 2017 portant attributions des membres du Gouvernement du Burkina Faso, d'assurer la mise en œuvre et le suivi de la politique du Gouvernement en matière d'environnement, d'économie verte et du changement climatique.

  Dans le cadre de ses missions et dans la pratique, le MEEVCC exécute ses missions avec l'appui du Secrétariat Permanent du Conseil National pour le Développement Durable (SP/CNDD), de la Direction Générale de l'Économie Verte et du Changement Climatique (DGEVCC), de la Direction Générale de la Préservation de l'Environnement (DGPE), de l'Autorité Nationale de Radioprotection et de Sûreté Nucléaire (ARSN), du Bureau National des Évaluations Environnementales (BUNEE) et du Fonds d'Intervention pour l'Environnement (FIE).

- **Ministère de l'Urbanisme et de l'Habitat (MUH)**. Comme pour les deux (02) précédents Ministères, les missions du MUH sont consacrées par le décret n°20170148/PRES/PM/SGG-CM du 23 mars 2017 portant attributions des membres du Gouvernement du Burkina Faso. En tant que département ministériel, le MUH a pour missions essentielles d'assurer la mise en œuvre et le suivi de la politique du Gouvernement en matière d'urbanisme, d'habitat et de construction. Il assure notamment la coordination de l'exécution des projets sectoriels en milieu urbain.

  Dans le cadre des missions ci-dessus définies, le MUH agit sur le terrain à travers la Direction Générale de l'Urbanisme, de la Viabilisation et de la Topographie (DGUVT), le Secrétariat

Permanent de Coordination du Programme de Développement Urbain (SP/CPDU), la Société Nationale d'Aménagement des Terrains Urbains (SONATUR) et l'Agence de Conseil et de Maîtrise d'Ouvrage Déléguée du bâtiment et des aménagements urbains (ACOMOD-Burkina).

Faisant partie d'une vision plus globale du développement portée notamment par le PNDES et dans les cadres de la mise en œuvre des objectifs visés par les quatorze (14) secteurs de planification, le secteur Environnement, Eau et Assainissement (EEA) déploie ses activités en relations et en interactions avec divers autres acteurs de la politique et de l'économie burkinabè. En la matière et en attendant la précision des rôles au point 2.5, il y a notamment :

- les Ministères regroupés dans les secteurs de planification « Productions agro-sylvo-pastorale », « Transformations industrielles et artisanales », « Santé », « Infrastructures de transport, de communication et d'habitat », « Éducation et formation » et « Recherche et innovation » ;
- les collectivités territoriales ;
- les communautés à la base ;
- les Burkinabè de l'extérieur ;
- les ONG et associations de développement ;
- le secteur privé ;
- les partenaires techniques et financiers.

De l'analyse des cadres institutionnel et organisationnel, il ressort une bonne prise en compte des composantes du secteur avec l'intervention des départements ministériels techniques, les collectivités territoriales, la société civile, etc. Par ailleurs, le secteur bénéficie de l'accompagnement technique et financier de nombreux partenaires aux plans national et international. Mais, si le grand nombre peut constituer une force, dans le cadre de l'interaction entre les ministères couvrant le secteur, il est une source de conflit de compétences (chevauchement des attributions), de dédoublement des activités, etc. D'un autre côté, une analyse historique du secteur révèle une grande instabilité institutionnelle. Les ministères ici mentionnés ont souvent changé de dénomination et, ce changement a été très souvent accompagné de changement de compétences. Ce qui joue négativement sur les capacités de construction et de capitalisation des compétences et des expériences. Enfin, aujourd'hui se pose encore un problème d'institutionnalisation des secteurs de planification avec notamment la prise de textes juridiques appropriés (PS-EEA, 2018).

2.3. Cadre juridique

Le cadre juridique actuel du secteur de l'EEA est caractérisé par un important dispositif en termes de textes (*Accords, Conventions, Traités et protocoles internationaux, Constitution et autres textes législatifs et réglementaires, etc.*). Dans la perspective de création et de promotion d'un cadre de vie sain, ces textes définissent les principes fondamentaux de gouvernance de l'EEA. Le tableau 8 ci-dessous synthétise les textes les plus connus à trois (3) niveaux d'échelle : le niveau international, le niveau national et le niveau décentralisé.

Tableau 8 : Cadre juridique de l'environnement, de l'eau et de l'assainissement au Burkina Faso

Niveau	Texte
International	▪ le Pacte international des droits sociaux, économiques et culturels adopté en 1966 ; ▪ la Convention africaine pour la conservation de la nature et des ressources naturelles, ratifiée le 23 novembre 1968 ; ▪ la Convention de Vienne sur la protection de la couche d'ozone, ratifiée le 28 juin 1988 ; ▪ la Convention portant création de l'Autorité du Bassin du Niger, ratifiée le 03 décembre 1982 ; ▪ la Convention relative aux zones humides d'importance internationale (Ramsar), ratifiée le 23 août 1989 ; ▪ la Convention Cadre des Nations Unies sur les Changements Climatiques, ratifiée le 20 septembre 1993 ; ▪ la Convention sur la Diversité Biologique (CDB), ratifiée le 20 septembre 1993 ; ▪ la Convention des Nations Unies sur la lutte contre la désertification, ratifiée le 29 décembre 1995 ; ▪ la Déclaration d'Istanbul sur les établissements humains (1996) ; ▪ la Convention des Nations Unies sur les cours d'eau internationaux, adoptée le 21 mai 1997 ; ▪ la Convention de Bâle sur le contrôle des mouvements transfrontaliers de déchets dangereux et de leur élimination, ratifiée en 1998 ;

Niveau	Texte
	▪ la Convention de Rotterdam sur la procédure de consentement préalable en connaissance de cause applicable dans le cas de certains produits chimiques et pesticides dangereux, ratifiée le 02 août 2002 ; ▪ la Convention de Stockholm sur les Polluants Organiques Persistants (POP), ratifiée le 20 juillet 2004 ; ▪ la Convention portant création de l'Autorité du Bassin de la Volta du 19 janvier 2007 ; ▪ la Charte de l'eau du Bassin du Niger du 30 avril 2008 ; ▪ l'Accord de Paris sur le climat (2015), ratifié le 11 novembre 2016 ; ▪ la Déclaration de Quito sur les villes et les établissements viables pour tous de 2016 ; ▪ la Convention de Minamata sur le mercure, ratifiée le 10 avril 2017.
National	▪ Constitution de juin 1991 et l'ensemble de ses modificatifs consacrent le principe de protection de l'environnement, le droit à un environnement sain, l'accès à l'eau, à l'assainissement et au logement comme un devoir fondamental de l'État et de toute la nation. La Constitution est renforcée par de nombreux textes législatifs spécifiques au nombre desquels : o la Loi N°41-96/ADP du 08 novembre 1996 instituant un contrôle des pesticides au Burkina Faso ; o la Loi n° 002-2001/AN du 08 février 2001 portant loi d'orientation relative à la gestion de l'eau au Burkina Faso ; o la Loi n° 022-2005/AN du 24 mai 2005 portant Code de l'hygiène publique au Burkina Faso ; o la Loi n°017-2006/AN du 18 mai 2006 portant Code de l'Urbanisme et de la Construction au Burkina Faso ; o la Loi n°058-2009/AN du 15 décembre 2009 portant institution d'une taxe parafiscale au profit des Agences de l'eau, dénommée « Contribution Financière en matière d'Eau (CFE) » ; o la Loi n°003-2011/AN du 05 avril 2011 portant Code forestier au Burkina Faso ; o la Loi n°032-2012/AN du 08 juin 2012 portant sureté, sécurité nucléaire et garanties ; o la Loi n°006-2013/AN du 02 avril 2013 portant Code de l'environnement au Burkina Faso ; o la Loi n° 008-2014/AN du 08 avril 2014 portant loi d'orientation sur le développement durable au Burkina Faso ; o la Loi n°017-2014/AN du 20 mai 2014 portant interdiction de la production, de l'importation, de la commercialisation et

Niveau	Texte
	de la distribution des emballages et sachets plastiques non biodégradables ; o la Loi n°036-2015/CNT du 26 juin 2015 portant Code minier du Burkina Faso ; o la Loi n°016-2015/CNT portant modification de la Loi n° 055-2004/AN du 21 décembre 2004 portant Code général des collectivités au Burkina Faso.
Niveau décentralisé	o Loi n°040/98/AN portant orientation de la décentralisation au Burkina Faso. o Décret N°2009-107/PRES/PM/MATD/MAHRH/MEF/MFPRE portant transfert des compétences et des ressources de l'Etat aux communes, dans le domaine de l'approvisionnement en eau potable et de l'assainissement. o Décret N°2014-932/PRES/PM/MATD/MEAHA/MME/MEF/MFPTSS du 10 octobre 2014 portant modalités de transfert des compétences et des ressources de l'Etat aux communes dans le domaine de l'eau et de l'électricité. (JO N°51 du 18 décembre 2014)

Source : Auteurs, à partir des documents de politiques

Au regard de cet important dispositif juridique, il ressort clairement que le secteur dispose d'une base légale relativement bien fournie permettant de réglementer les pratiques en matière d'EEA. Il faut le reconnaître, ce dispositif a sans doute permis de prévenir et/ou de gérer les conflits dans un contexte de compétition autour de l'exploitation desdites ressources. En ce qui concerne les textes internationaux, la ratification de certains ouvrent la voie pour des opportunités d'accès à des ressources financières internationales pour peu que des dispositions complémentaires soient prises au plan national.

Toutefois, une analyse pratique du contexte actuel montre que le potentiel de ce dispositif est limité par un certain nombre de facteurs importants qui favorisent, contrairement aux objectifs visés, la poursuite d'actes préjudiciables à la promotion d'un cadre de vie sain. À ce titre, il faut relever :

- les insuffisances dans la contextualisation et l'intégration des textes internationaux au cadre politique national en raison de leur inadéquation avec les réalités sociales nationales ;
- la faible application de la règlementation qui, du reste, demeure très peu connue des acteurs concernés et du grand public ;

- l'absence de textes d'application pour certaines lois ;
- la faible cohérence entre les lois.

2.4. Les principaux acteurs et leurs rôles respectifs

Ce point permet d'aborder directement deux (02) des trois (03) objectifs de la recherche. Il concerne précisément deux (02) résultats attendus :

- le rôle et la place de la commune dans l'assainissement autonome (eaux usées et excréta) sont clairement établis et analysés ;
- une cartographie détaillée des parties prenantes dans les zones urbaines et périurbaines du Burkina Faso impliquées dans la chaîne de valeur de l'assainissement est établie.

Dans ce point, il s'agit de porter un regard d'ensemble sur les principaux acteurs impliqués dans la gestion des boues de vidange en traitant de manière analytique les structures concernées par les enquêtes qualitatives faites dans les villes de Ouagadougou, de Bobo Dioulasso, de Fada N'Gourma et de Dédougou qui révèlent une multitude d'acteurs dont les principaux sont ici listés :

- **Ministère de l'Eau et de l'Assainissement** : il est chargé de la formulation, de la mise en œuvre et du suivi-évaluation des politiques, stratégies et plans d'actions du secteur et de la coordination de la gestion des eaux usées et excreta ;
- **Ministère de l'Environnement, de l'Economie Verte et du Changement Climatique :** il intervient dans l'assainissement et l'amélioration du cadre de vie, la promotion du développement durable et de l'économie verte ;
- **Ministère de l'Urbanisme et de l'Habitat :** il est chargé de l'aménagement du réseau de drainage des eaux pluviales et la gestion des déchets urbains ;
- **Les collectivités territoriales** : à la faveur du transfert des compétences, elles coordonnent les interventions au niveau local en matière d'assainissement et d'amélioration du cadre de vie ;
- **Les ONG et associations de développement** : selon les données des enquêtes qualitatives, elles jouent un rôle de veille citoyenne et de plaidoyer en faveur du secteur et contribuent ainsi à la transparence des décisions et à la promotion des techniques, connaissances, bonnes pratiques en matière de développement dans

le secteur de l'assainissement en général, et celui des boues de vidange en particulier ;

- **Le secteur privé** : il est composé des prestataires de services qui interviennent dans l'exécution des travaux et la mobilisation des ressources financières. En général, la qualité des ouvrages dépend du niveau d'implication de ce groupe ;
- **Les partenaires techniques et financiers** : ils interviennent essentiellement dans la mise à disposition d'une assistance technique et la mobilisation des ressources financières au profit du secteur.
- **Les communautés à la base** : elles sont bénéficiaires des actions mises en œuvre dans le secteur. Elles entreprennent souvent des actions (individuelles ou collectives) pour la gestion des eaux usées et excrétas ;

En ce qui concerne les villes de Ouagadougou, Bobo Dioulasso, Dédougou et Fada N'Gourma, les rôles de ces acteurs sont explicités ci-dessous.

- **Collectivité territoriale (Mairie)**

De prime à bord, la gestion des déchets liquides et des boues de vidange d'une ville/localité relève des prérogatives de la mairie selon la législation actuelle. Ce volet fait partie des secteurs concernés par le protocole de transfert de compétences de l'État aux collectivités territoriales. En amont et en aval, la mairie est chargée de l'organisation politique, économique, sociale et environnementale de la filière. De la lecture des entretiens réalisés, il ressort que la mairie a une certaine autonomie quant à la gestion de l'assainissement en général, du moins en ce qui concerne son espace géographique de compétences.

Par conséquent, la mairie devrait collecter les déchets et être chargée de les acheminer dans des sites de dépotage appropriés et construits ou gérés par ou au profit de ses services techniques. De plus, la règlementation (politique, loi, décret, arrêté) du secteur lui est dévolue. Du fait de son organisation et compte tenu de ses ressources (matérielle, financière et technique), la mairie recrute des agents de collecte, de transport et de valorisation ; réalise des ouvrages d'assainissement et mène des actions de sensibilisation. Il faut ajouter aussi les appuis techniques qu'apporte la mairie aux acteurs privés de la filière tels que les vidangeurs mécaniques et manuels.

D'un autre côté, les données recueillies montrent que d'une mairie à une autre, la situation diffère souvent. Alors que les mairies de Ouagadougou et de Bobo Dioulasso interviennent pleinement dans la collecte et le transport des déchets, ces deux (02) maillons de la chaîne de valeur des boues de vidanges ne sont pas encore opérationnalisés en ce qui concerne les mairies de Dédougou et de Fada N'Gourma. Par ailleurs, à l'instar de la ville de Ouagadougou, les mairies de Bobo Dioulasso et de Fada N'Gourma disposent de leurs propres Stratégies communales d'assainissement tandis que la mairie de Dédougou s'inspire de la Stratégie nationale d'assainissement (2016). Dans ces deux (02) dernières villes, la filière des déchets liquides et des boues de vidange est très peu développée. C'est seulement dans les villes de Ouagadougou et de Bobo Dioulasso qu'il y a des associations de vidangeurs, en l'occurrence une (01) seule à Bobo Dioulasso. La mairie de Bobo Dioulasso dispose d'un camion vidangeur qui, du reste, est affecté à un autre usage au moment de l'enquête.

Par ailleurs, il ressort des échanges avec les acteurs qu'en général, les mairies ne disposent pas de budget spécifiquement dédié à la filière des déchets liquides et des boues de vidange. Le budget annuel consacré est « *noyé* » dans le budget « *global assainissement* » qui est de l'ordre de 15 millions et de 5,5 millions de francs CFA, respectivement pour les villes de Bobo Dioulasso et de Dédougou. De manière générale, il faut noter que ces budgets sont consacrés à près d'un tiers aux dépenses de fonctionnement. Pour la ville de Dédougou, il ressort qu'il faut annuellement un minimum de 300 millions de francs CFA pour couvrir tous les besoins relatifs à la filière des déchets liquides et des boues de vidange, soit près de 55 fois son budget « *global assainissement* » actuel. Ces données soulèvent la problématique du sous financement du secteur de l'assainissement en général, et celui de la filière des déchets liquides et des boues de vidange en particulier.

- **Direction régionale de l'assainissement (structure déconcentrée du ministère en charge de l'assainissement)**

La Direction régionale en charge de l'assainissement est la structure chargée d'implémenter au niveau régional/local la politique gouvernementale en matière d'assainissement. Pour des raisons opérationnelles et d'efficacité, elle s'occupe principalement des aspects de la règlementation et de l'assainissement en milieu rural. L'assainissement en milieu urbain est du ressort de l'ONEA.

Des échanges avec ces directions, il ressort que dans la Stratégie nationale de l'assainissement actuelle, en cours de révision, la gestion des boues de vidange était insuffisamment abordée. La nouvelle stratégie s'est donnée pour ambition de bien appréhender cet aspect tant en milieu rural qu'urbain. Les acteurs rencontrés ont l'espoir qu'elle donnera une nouvelle impulsion à l'acteur technique de mise en œuvre (ONEA) et aux autres acteurs d'accompagnement (mairie, association de vidangeurs, direction régionale en charge de l'environnement, etc.).

- **Office National de l'Eau et de l'Assainissement (Établissement Public de l'État)**

L'ONEA assure une mission de service public d'assainissement des eaux usées et excréta. Comme précédemment mentionné, l'ONEA assure la gestion des eaux usées domestiques (eaux ménagères, urines et matières fécales) et industrielles.

Au Burkina Faso, particulièrement dans les communes de Ouagadougou, Bobo Dioulasso, Dédougou et Fada N'Gourma, l'ONEA intervient essentiellement en milieu urbain. Dans ces villes, les principaux domaines d'intervention de l'ONEA en matière de déchets liquides et de boues de vidange sont (*Cf. page suivante*) :

- réseau communautaire : canalisation des déchets industriels ;
- vidange des lieux publics ;
- station d'épuration : centre de traitement et d'épuration ;
- appui technique des vidangeurs privés ;
- construction de latrines ;
- sensibilisation des différentes parties prenantes (ménages, entreprises, élus, etc.).

En général, l'ONEA définit ses interventions en fonction du Plan stratégique d'assainissement de chaque localité (commune). En ce qui concerne les cadres législatif et règlementaire, il ressort des échanges qu'ils sont plutôt bien développés. Ils sont même souvent jugés pléthoriques et leur niveau de faible application régulièrement indexé.

Quand ce ne sont pas les moyens financiers qui sont insuffisants, ce sont plutôt les élus locaux (allusion aux conseillers municipaux de la mairie) qui sont en déphasage avec la vision des textes règlementaires. En ce qui concerne le budget alloué, les interviewés de l'ONEA au niveau régional ont indiqué ne pas être en mesure de fournir des informations précises du fait que l'essentiel est piloté depuis le siège à Ouagadougou.

Du reste, à Bobo Dioulasso, le budget affecté par l'ONEA pour les besoins de sensibilisation est approximativement évalué à 215 millions de francs CFA, soit 14,3 fois le budget global de l'assainissement de toute la ville géré par la direction technique de la mairie.

Dans le contexte actuel, il semble qu'il n'y a actuellement pas de cadre formel de concertation entre l'ONEA et les vidangeurs (manuels, mécaniques). Mais, à Bobo Dioulasso, sous l'impulsion de la mairie et avec le partenariat de la Coopération allemande (GIZ), un répertoire des vidangeurs se constitue.

- **Association de vidangeurs**

L'Association des Vidangeurs de Bobo Dioulasso a été créée en 1985 et reconnue officiellement en 2018 (existence d'un récépissé délivré par les autorités compétentes). L'association couvre actuellement trois (03) régions : les Hauts-Bassins, les Cascades et la Boucle du Mouhoun. Elle est membre de l'Association Panafricaine des Acteurs de l'Assainissement autonome. Ses principaux objectifs sont :

- sécuriser les activités de vidange ;
- faire de la vidange une profession bénéfique pour ses membres ;
- sensibiliser les ménages sur la bonne gestion des déchets liquides et des boues de vidange ;
- défendre les intérêts moraux, matériels et économiques de ses membres ;
- être l'intermédiaire entre ses membres et les autres acteurs de la filière (mairie, ONEA, association sœur d'autres régions, ONG, etc.).

La structure publique dont répond directement l'Association des Vidangeurs de Bobo Dioulasso est la mairie. Cependant, sur le plan opérationnel, ce n'est pas le cas. Selon les propos de certains acteurs privés, « *la mairie est le parent pauvre de l'assainissement* » et « *l'ONEA est le principal acteur financier national* ».

Aujourd'hui toute la ville de Bobo Dioulasso, avec une population estimée à 903 887 personnes (Recensement général de la population et de l'habitat (RGPH), 2019), dispose d'une (01) seule station d'épuration des eaux usées située à Dogona, localité distante du centre-ville de 15 à 20 km. Cette station est gérée par l'ONEA.

L'association des vidangeurs estime ne pas être suffisamment associée à la gestion de ladite station. Du reste, elle trouve la localisation de la station et l'accessibilité difficile du fait du mauvais état de la route principale. En outre, elle signifie que les heures de fermeture de la station ne permettent pas à ses membres de mieux répondre aux besoins de la clientèle. En effet, la fermeture de la station est fixée à 16h00 pour les jours ouvrables. Pour ne pas garer un camion avec un stock, le vidangeur doit alors quitter la ville au plus tard à 15h. Le samedi, la station se ferme à partir de 12h00 et toute la journée du dimanche. Pourtant, c'est le week-end que les ménages sont habituellement disponibles.

Impliquer l'association dans la gestion de la station pourrait donc permettre d'aller vers une meilleure gestion de la filière dans la commune de Bobo Dioulasso. Par ailleurs, l'association souligne que ses membres, en plus d'être « *rackettés par la police municipale* », sont victimes d'une concurrence déloyale de certaines structures publiques, dont la mairie et le génie militaire qui interviennent directement dans la vidange des eaux usées. Cette situation souligne l'impérieuse nécessité de mieux organiser le secteur. Dans cette perspective, la mairie, avec l'implication de l'ONEA et l'association des vidangeurs, a pris des engagements. C'est dans ce contexte qu'un agrément technique, définissant les missions et les responsabilités des vidangeurs, est en cours d'élaboration et le processus est bien avancé. Sa validation par le Conseil municipal donnera une nouvelle dynamique à la filière.

- **Direction régionale en charge de l'environnement (structure déconcentrée du Ministère en charge de l'environnement)**

La Direction régionale en charge de l'environnement est d'un appui technique aux autres acteurs, notamment la mairie et l'ONEA. C'est précisément la Direction de l'Assainissement et de la Prévention des Risques qui est l'entité qui s'occupe des questions d'assainissement au niveau local/régional. Cette structure est chargée de contrôler les paramètres physiques, chimiques et microbiologiques des déchets afin d'attirer l'attention des principaux acteurs sur les nuisances possibles. En général, cette direction intervient sous forme d'appui technique. La structure met notamment à la disposition des mairies un environnementaliste. Des échanges, il ressort qu'elle ne dispose pas d'un budget spécifique pour l'assainissement, *a fortiori* pour la gestion des déchets liquides et des boues de vidange. De l'entretien avec l'association des vidangeurs de Bobo Dioulasso, il ressort qu'il y a une maîtrise insuffisante de la règlementation sur l'environnement. De plus, la structure mentionne qu'elle manque de moyens de répréhension et de kits d'analyse/de contrôle permettant d'avoir rapidement des résultats objectifs face à des cas de non-respect de la réglementation en vigueur.

Cette situation conduit souvent à un non-aboutissement des procédures judiciaires enclenchées à la suite d'infractions constatées. Au-delà des politiques et des textes organisationnels et réglementaires, les analyses pratiques et les observations faites sur le terrain ont permis d'établir le cadre institutionnel synthétisé dans le tableau 9 ci-dessous.

Tableau 9 : Cadre institutionnel

Acteur Rôle	Gouvernement (Ministère EEA)	Collectivité territoriale	Secteur Privé	OCB, ONG, BBE*	Ménage	PTF
Précollecte						
Collecte						
Transport						
Traitement						
Financement						
Appui technique						
Recherche-développement						

<u>**Source**</u> : Auteurs, Enquête WASPA, 2019
***OCB** = Organisation Communautaire de Base | **PTF** = Partenaire Technique et Financier | **ONG** = Organisation Non Gouvernementale | **BBE** = Burkinabè de l'extérieur

La prise en compte et l'implication la plus large possible des acteurs dans un domaine donné est une bonne chose. En théorie et en général, cela est un gage de mobilisation sociale et de ressources pour un développement intégré. Dans le contexte burkinabè, l'état des lieux fait ressortir une faible synergie et un déficit de communication entre les acteurs qui conduisent parfois à des conflits d'intérêts et/ou de compétences.

En faisant une analyse croisée des données du tableau 9 ci-dessus et des données primaires et secondaires collectées, il ressort qu'une grande partie du financement consacré à la gestion intégrée des déchets est supportée par les PTF et les ONG. Si ces financements sont importants pour impulser des changements qualitatifs et quantitatifs importants, ils posent un problème à long terme notamment avec les conjonctures internationales et les changements de politique chez les PTF concernés. L'État devrait donc trouver les moyens de financer davantage ce secteur. Cela peut s'envisager avec les ménages et le secteur privé.

Actuellement, compte tenu de son potentiel et des problèmes qui se posent en matière de développement durable, l'assainissement fait l'objet de nombreuses initiatives de recherche-développement, ce qui n'est pas le cas au Burkina Faso. Cela a pour résultat de faire de notre système, un système suiviste en matière de valorisation des déchets produits. La recherche-développement devrait être davantage promue pour innover, proposer de nouveaux produits et de nouvelles formes de valorisation des boues de vidanges : c'est pratiquement la seule voie pour faire véritablement du "*caca*" de l'"*or*".

2.5. Projets et programmes de la gestion des déchets liquides/boues de vidange

De nombreux programmes d'opérationnalisation des politiques, des plans et des stratégies en matière d'assainissement autonome ont existé ou existent. L'essentiel de ces initiatives a un caractère national (Programme National d'Assainissement des Eaux Usées et Excréta (PNAEUE) et Programme Gouvernance du Secteur Eau et Assainissement du Burkina Faso (PGSEA) ou se focalise sur les villes (Projet d'assainissement urbain au Burkina Faso). Le Programme National d'Assainissement des Eaux Usées et Excréta (PNAEUE) (2016-2030) vise essentiellement à :

- éradiquer la défécation à l'air libre ;
- assurer un accès universel et continu des populations aux services d'assainissement ;
- optimiser la gestion et la valorisation des eaux usées et boues de vidange ;
- développer la recherche dans le domaine de l'assainissement des eaux usées et excréta.

Le budget estimatif de ce programme est de 1 216 milliards de francs CFA dont environ 40% pour la zone urbaine avec une part contributive de 25% et 29% respectivement venant de l'État et des bénéficiaires directs (populations). Aussi, il est prévu que 4% du budget soient alloués aux activités d'études et de recherche. Le Programme constitue le principal guide des initiatives en matière d'assainissement autonome. Cependant, ce Programme comporte une limite relativement importante dans sa conception, dans la mesure où il vise directement à opérationnaliser les objectifs spécifiques n°3 et 5 de la Politique Nationale de l'Eau. Or, au regard de la spécificité de l'assainissement et de la place qui lui est accordée dans les Objectifs de Développement Durable, il est important que la question soit traitée de manière assez spécifique.

Cette limite concerne aussi le Programme Gouvernance du Secteur Eau et Assainissement du Burkina Faso (PGSEA) (2016-2030) dont l'ambition est d'améliorer la gouvernance, à travers l'efficacité du pilotage, des interventions et du suivi-évaluation, du secteur de l'eau et de l'assainissement. Le budget de ce Programme est estimé à 60,2 milliards de francs CFA dont 15% proviennent du budget national et le reste (85%) des partenaires techniques et financiers.

En ce qui concerne le Projet d'assainissement urbain au Burkina Faso, sa finalité est l'amélioration du taux de couverture en assainissement par la mise en œuvre de plans stratégiques axés essentiellement sur la création d'un marché structuré de l'assainissement, le développement des métiers de l'assainissement et des mécanismes financiers facilitant l'accès à ces services. Le projet est financé à hauteur de 13,18 milliards de francs CFA avec une part contributive de 67%, 28% et 5% respectivement de l'AFD, du KFW et de l'ONEA/État. Il cible huit (8) villes du Burkina Faso, dont trois (03) concernées par la présente recherche, à savoir Ouagadougou, Bobo Dioulasso, Ouahigouya, Fada N'Gourma, Banfora, Koudougou, Boulsa et Titao. Pour les deux (02) grandes villes (Ouagadougou, Bobo Dioulasso), l'objectif est le développement de l'assainissement collectif du centre-ville et de la zone industrielle (Bobo Dioulasso) et le traitement des boues de vidange des fosses. Pour les six (06) villes secondaires, il s'agit de la mise en œuvre de leur plan stratégique d'assainissement. Spécifiquement, pour ces villes, il s'agit de mettre à disposition des ménages une gamme de technologies simples et efficaces correspondant à leurs besoins et leur capacité à payer : réhabilitation de latrines, réalisation de latrines améliorées à fosses ventilées, latrines simples fosses maçonnées, toilettes à chasse manuelle à simple fosse, fosses septiques, bacs à lessives et puisards, douches et puisards.

Pour l'année 2019, le Ministère de l'Eau et de l'Assainissement (MEA) a répertorié sur le territoire national dix-huit (18) projets et programmes. Il s'agit d'initiatives dans lesquelles le Ministère est impliqué en tant que bailleur et/ou exécutant. Le tableau 10 suivant fait un focus sur les projets et programmes (au nombre de 4) en lien avec la gestion des boues de vidange.

Tableau 10 : Liste des programmes et projets du ministère en charge de l'assainissement en lien avec la gestion des boues de vidange

Intitulé du projet	Objectif général	Zone	Coût total (M.FCFA)	*P
Programme d'Approvisionnement en Eau Potable et Assainissement dans les petites et moyennes villes dans les régions de la Boucle du Mouhoun, des Cascades, des Hauts-Bassins et du Sud-Ouest	Contribuer à l'approvisionnement en eau potable et assurer de manière durable l'amélioration de l'état de santé de la population des agglomérations ciblées par le projet.	Boucle du Mouhoun, Cascades, Hauts-Bassins et Sud-Ouest	**9 347 387**	2017-2021
Programme Eau et Assainissement dans les petites et moyennes villes situées dans la région du Sud-Ouest et les régions limitrophes dans le bassin du Mouhoun, phase 3	Permettre la mise en œuvre du système d'approvisionnement en eau potable et d'assainissement dans les petites et moyennes villes situées dans la région du sud-ouest du pays et les régions limitrophes du bassin du Mouhoun.	Boucle du Mouhoun, Hauts-bassins et du Sud-Ouest	**3 483 131**	2016-2020
Projet d'Appui aux Droits à l'Accès à l'Eau Potable et à l'Assainissement de la ville de Fada N'Gourma, région de l'Est	Contribuer à l'atteinte des ODD dans le secteur de l'eau et de l'assainissement en milieu urbain par l'accroissement de l'accès durable à l'eau potable, au développement de l'assainissement et à la promotion du droit d'accès à ces services.	Est	**6 728 227**	2016-2020

Intitulé du projet	Objectif général	Zone	Coût total (M.FCFA)	*P
Appui à l'Assainissement de Base dans des petites et moyennes villes du Burkina Faso	Contribuer à réaliser les objectifs du cadre stratégique de lutte contre la pauvreté (CSLP) devenu Stratégie de croissance Accélérée pour le Développement (SCADD) ainsi que du plan national de développement économique et social (PNDES) et des Objectifs du Millénaire pour le Développement (OMD) en ce qui concerne l'accès à l'assainissement	Boucle du Mouhoun, Sud-Ouest, et Centre-Ouest	**3 935 742**	2014-2018

Source : Auteurs, adapté du Répertoire (2019) des programmes et projets du Ministère de l'Eau et de l'Assainissement
*P=Période | *M=Milliers

CHAPITRE 3

Gestion de déchets liquides/boues de vidange : principaux constats

Après avoir analysé la gestion des déchets liquides et des boues de vidange (GDLBV) au niveau des collectivités et des administrations publiques dans le chapitre 2, l'objectif de ce chapitre est de faire un travail similaire sur les autres acteurs qui peuvent être regroupés en trois (03) grandes catégories : les producteurs des déchets (ménages, services/structures privées et publiques), les services de collecte et d'évacuation (vidangeurs mécaniques et manuels) et les utilisateurs finaux (agriculteurs/maraîchers/jardiniers, etc.). Le chapitre est organisé en quatre (04) sections.

3.1. Au niveau ménage

L'objectif de cette section est d'analyser les comportements des ménages en matière de gestion des déchets liquides et des boues de vidange (GDLBV) qu'ils produisent. Il faut rappeler que les ménages constituent le premier maillon de la chaîne de valeur de ce secteur. C'est dans ce maillon en amont que les déchets sont produits et stockés. Une bonne connaissance sur les perceptions, les représentations des populations sur le sujet et sur le traitement réservé aux déchets est capitale pour le développement d'une bonne approche chaîne de valeur dans le secteur.

Dans le contexte actuel, la majorité des ménages enquêtés affirme n'avoir jamais entendu parler à proprement dit de la gestion des boues de vidange (respectivement 66% et 62% pour les boues de vidanges et les déchets liquides). Ce constat est illustré par les données du graphique suivant (*Cf.* graphique 7).

Graphique 7 : Connaissance des ménages sur la gestion des déchets selon le type de déchet

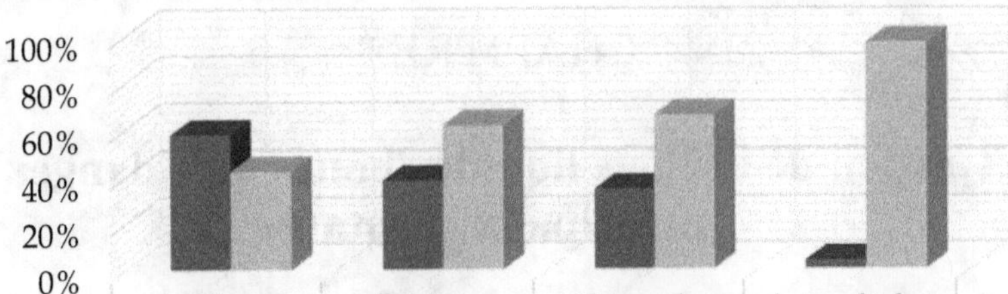

	Déchets solides	Déchets liquides	Boues de vidange	Autre déchet
Oui	58%	38%	34%	4%
Non	42%	62%	66%	97%

Source : Auteurs, Enquête WASPA, 2019

La méconnaissance des ménages par rapport à la gestion des boues de vidange explique en partie la faible utilisation des services spécialisés. Selon les données collectées, plus de la moitié des ménages enquêtés n'ont jamais fait appel aux services de vidange pour l'évacuation des boues de vidange. Plus précisément, 54% des ménages enquêtés n'ont jamais eu recours aux services de vidange (mécanique ou manuel) selon les données du graphique 8 ci-dessous. Ces données mettent en évidence le fait que plus de la moitié des ménages pratique l'auto-gestion de leurs déchets. Au regard de la complexité de la question, des outils nécessaires, et des précautions à prendre, ces données traduisent tout simplement un état de mauvaise gestion des boues de vidange produites dans les ménages, état confirmé par l'importante pollution des rues par des eaux usées de toutes sortes, la pollution de l'espace public par les dépôts anarchiques de boues de vidange laissées dans les coins de rue ou dans les parcelles non mises en valeur, etc.

Graphique 8 : Recours des ménages aux services de collecte/vidange selon le type de déchet

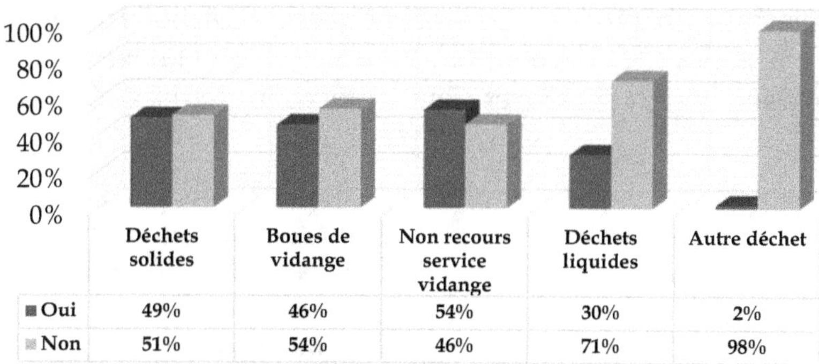

Source : Auteurs, Enquête WASPA, 2019

En termes de sources d'information sur le sujet, pour la majorité des ménages qui ont déjà entendu parler de la GDLBV, le principal canal d'information est les médias (au moins 60% selon le type de déchets), suivi de l'entourage immédiat et des services de collecte. En matière d'information, la mairie et les organisations communautaires semblent également jouer un rôle important (*Cf.* Graphique 9). Dans la pratique, ces résultats sont importants pour orienter les acteurs en charge de la communication et du plaidoyer sur le sujet, notamment en matière de choix des canaux à utiliser pour la diffusion de l'information et la sensibilisation de masse.

Graphique 9 : Sources d'information des ménages sur la gestion des déchets selon le type de déchet

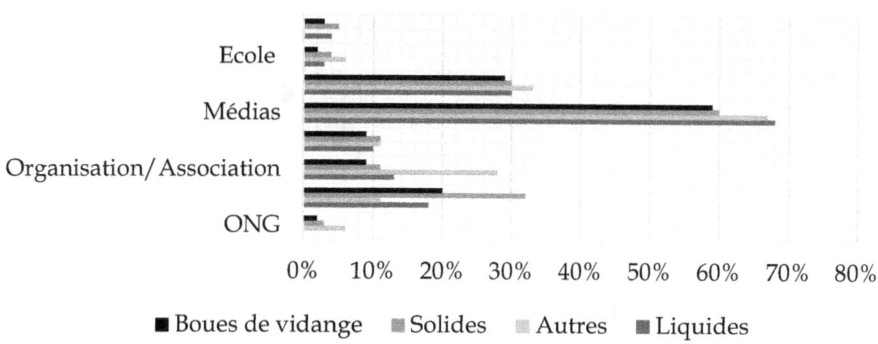

Source : Auteurs, Enquête WASPA, 2019

L'état de la mauvaise GDLBV, comparativement aux déchets solides, est ressenti par la majorité de la population : 58% des enquêtés reconnaissent que les déchets solides sont mieux gérés. Il y a trois (03) personnes sur dix (10) qui soutiennent que la GDLBV est mieux gérée, précisément une (01) personne qui pense que ce sont les boues de vidange et deux autres (02) personnes pour les déchets liquides (*Cf.* Graphique 10).

Cependant, il faut noter que ce sentiment général de l'état de la mauvaise gestion des boues de vidange est fonction du quartier. Dans les cités et les quartiers résidentiels, les déchets sont en général mieux gérés comparativement aux quartiers populaires, surtout par rapport aux non-lotis où les infrastructures (notamment routières) sont insuffisantes voire inexistantes.

En ce qui concerne les facteurs explicatifs d'une telle situation, les ménages qui ont affirmé que les déchets solides sont les mieux gérés ont aussi précisé que cela est lié à l'existence des poubelles dans les espaces de vie concernés. Pour ceux qui se sont prononcés en faveur des boues de vidanges, la bonne gestion de ces déchets est liée principalement à trois (03) raisons : l'existence de services de vidange, la bonne organisation de ces services et le niveau d'inconfort élevé lié à ce type de déchets.

Graphique 10 : Type de déchet le mieux géré selon les ménages enquêtés

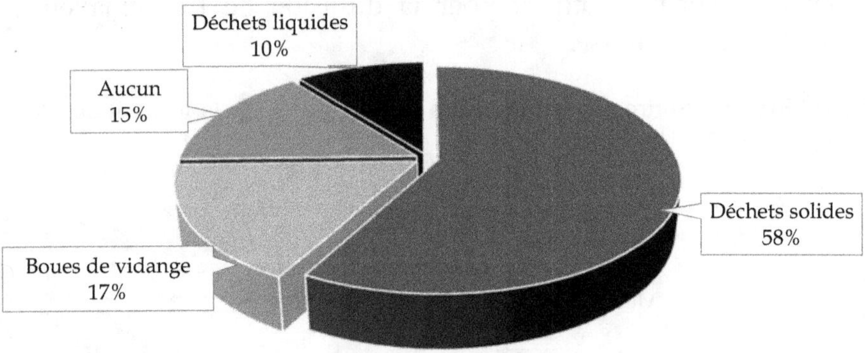

Source : Auteurs, Enquête WASPA, 2019

Pour saisir le niveau de prise de conscience et l'intérêt de la population par rapport à la question, l'étude a cherché à savoir si les ménages tiennent des rencontres d'échange formelles ou informelles sur le sujet. Sur ce point, l'analyse des données collectées montre un niveau d'interaction faible. La majorité des ménages (plus de 60%) enquêtés n'échangent pas entre eux sur les questions de gestion des déchets. Pour ceux qui en discutent, les échanges portent surtout sur les déchets liquides (21%)[1] et solides (17%). Les échanges portant sur les boues de vidange ne représentent que 1% du total (*Cf.* Graphique 11).

Graphique 11 : Échanges entre ménages sur la gestion des déchets selon le type de déchet

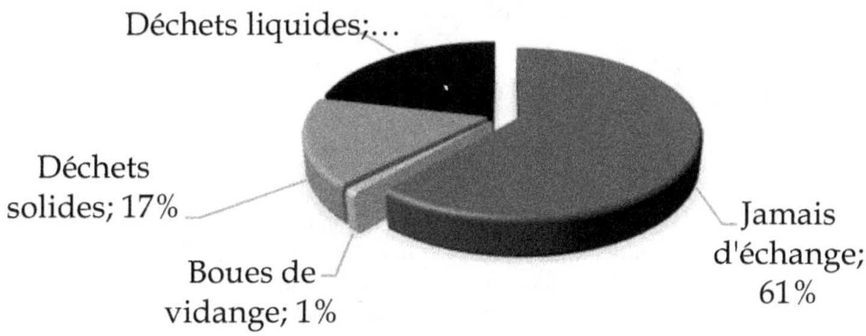

__Source__ : Auteurs, Enquête WASPA, 2019

3.1.1. Gestion des déchets liquides

Ce point traite de façon spécifique de la gestion faite par les ménages de leurs déchets liquides. Pour ce faire, quatre (04) sous-points sont traités. Le premier sous-point caractérise les déchets produits, le deuxième fait une évaluation des volumes selon la perception des ménages, la troisième analyse le mode de gestion de ces déchets. Le quatrième point présente les principales contraintes et difficultés rencontrées.

3.1.1.1. Caractérisation des déchets liquides

Dans cette recherche et sur la base des constats faits sur le terrain et des entretiens avec les structures du secteur de l'assainissement, deux (02) éléments sont utilisés pour caractériser les déchets liquides. Il s'agit des sources de production (qui donnent en même temps les types de déchets liquides produits dans les ménages) et du niveau de pollution de ces déchets.

[1] Au Burkina Faso, dans les faits, la plupart des disputes liées aux déchets entre voisins de quartier portent justement sur les déchets liquides et solides qui sont jetés devant les concessions, dans les parcelles vides, sur les voies publiques, etc.

i). Sources et types de déchets liquides produits par les ménages

Les données du graphique 12 ci-dessous montrent que pour plus des ¾ des ménages, les déchets liquides proviennent de la lessive, de la vaisselle, de la cuisine et du bain/de la douche. Ces sources sont citées respectivement par 95% ; 86% ; 76% et 70% des ménages enquêtés. Les autres sources mentionnées par une faible proportion des ménages enquêtés sont les WC et les machines (climatiseurs surtout).

Graphique 12 : Sources des déchets liquides selon les ménages enquêtés

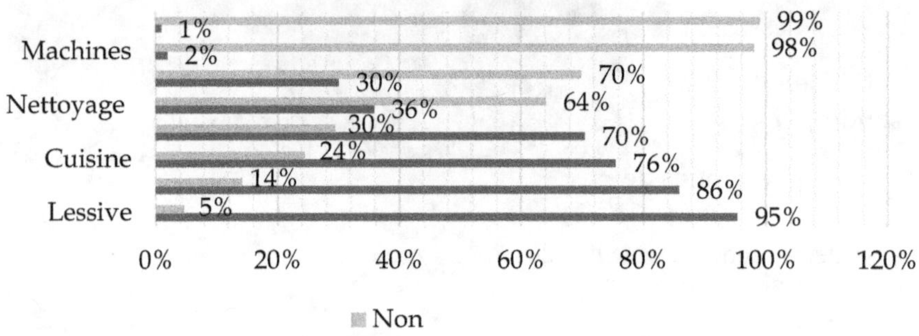

Source : Auteurs, Enquête WASPA, 2019

Parmi les types de déchets liquides produits par les ménages, ces derniers considèrent que les plus importants en termes de volume sont les eaux de lessive (pour 44% des ménages), celles du bain/de la douche (33% des ménages) et de la vaisselle (14% des ménages). A ces trois (03) sources, s'ajoutent les eaux de cuisine et des WC pour respectivement 5% et 3% des ménages (*Cf.* Graphique 13).

Graphique 13 : Principales sources de déchets liquides générés par les ménages enquêtés (Volume, selon les ménages)

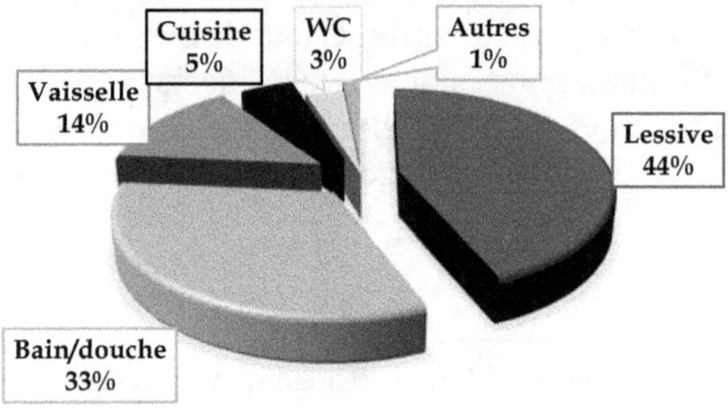

Source : Auteurs, Enquête WASPA, 2019

ii). Types de déchets liquides les plus polluants

En considérant les sept (07) types de déchets liquides produits par les ménages (*Cf.* graphique 6 présenté plus haut), les plus polluants selon les enquêtés sont au nombre de cinq (05). Pour un quart (¼) des enquêtés, il s'agit des eaux du bain/de la douche, de la vaisselle et de la lessive. Les deux (02) autres sources de pollutions sont les eaux de cuisine et de WC. Elles sont citées respectivement par 12% et par 10% des enquêtés (*Cf.* Graphique 14).

Graphique 14 : Sources des déchets liquides les plus polluantes (selon les ménages)

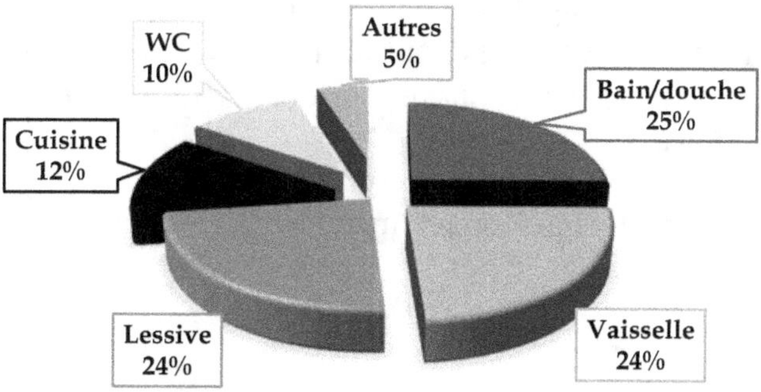

__Source__ : Auteurs, Enquête WASPA, 2019

En somme, la maîtrise des sources, des types de déchets liquides produits et les plus polluants permet d'orienter les actions des décideurs. Les résultats ici trouvés confirment dans une certaine mesure la pertinence des actions entreprises par l'ONEA sur le terrain. Il faut noter que l'ONEA a entrepris depuis des années, des sensibilisations accompagnées d'installations adaptées pour récupérer les eaux usées produites au niveau des ménages. Comme le montre le rapport sur l'état des toilettes de 2017, ce type d'action a permis au Burkina Faso d'enregistrer d'importants progrès sur cette problématique même si d'énormes efforts restent à faire.

3.1.1.2. Mode d'évacuation des déchets liquides

Il existe au moins trois (03) étapes dans le processus d'évacuation des déchets liquides. Dans une première étape, les déchets sont stockés dans des endroits aménagés de la cour, ou directement évacués généralement par le ménage lui-même dans divers endroits hors de sa cour. Dans une deuxième étape qui concerne les déchets stockés, l'évacuation est faite soit par le ménage lui-même, soit par une tierce personne, notamment les services de vidange. Enfin, dans une troisième étape, ces déchets sont dépotés dans divers lieux (rue, caniveaux, dépotoirs, etc.).

Pour la première étape, les données collectées (*Cf.* Graphique 15) dans le cadre de cette recherche mettent en exergue deux (02) types de ménages totalement opposés en matière de gestion des déchets liquides. Il s'agit des ménages qui pratiquent des modes de gestion relativement bonnes et ceux qui ont des pratiques non-durables en la matière. Malheureusement, le deuxième groupe est majoritaire (55%) et se débarrasse de ses déchets liquides dans des lieux inappropriés, notamment la rue/voie (44% des ménages), les caniveaux/fossés (6%), les parcelles vides/espaces verts/nature (3%) et même dans leur propre cour (2%). Le premier groupe (soit 45% des ménages enquêtés) utilise des aménagements spécifiques plus ou moins convenables pour le stockage des déchets liquides. Il s'agit notamment de fosses septiques réservées (30%) et des trous ou puits perdus (15%).

Graphique 15 : Destination première des déchets liquides produits par les ménages

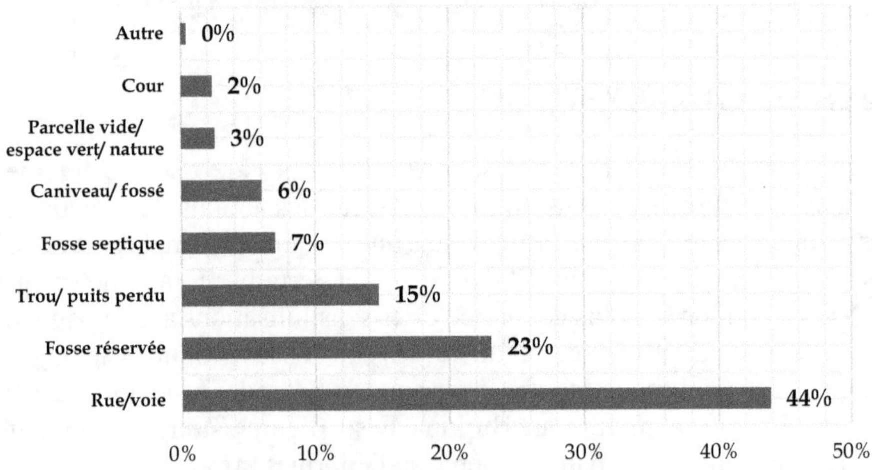

Source : Auteurs, Enquête WASPA, 2019

Au regard des mauvaises pratiques non sanctionnées, très peu utilisent les vidangeurs (mécaniques ou manuels). En effet, deux tiers (66%) des ménages enquêtés n'ont utilisé aucun de ces moyens. Seulement 28% des enquêtés ont déclaré avoir eu recours au service de vidange mécanique et 9% pour celui de la vidange manuelle (*Cf.* Graphique 16).

Graphique 16 : Recours des ménages aux services d'évacuation des déchets liquides

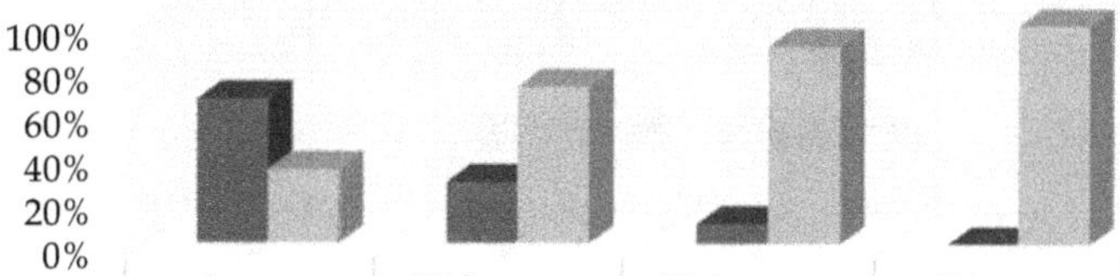

	Aucun	Vidangeur mécanique	Vidangeur manuel	Réseau d'égout
■ Oui	66%	28%	9%	0%
■ Non	34%	72%	91%	100%

<u>**Source**</u> : Auteurs, Enquête WASPA, 2019

Dans la deuxième étape décrite plus haut et partant des données de l'enquête (*Cf.* Graphique 17), quatre (04) principaux modes d'évacuation des déchets liquides sont utilisés par les ménages : le service de vidange mécanique, celui de la vidange manuelle, les ménages eux-mêmes et la connexion au réseau d'égout de l'ONEA.

Selon les données collectées, environ un quart (¼) des ménages enquêtés évacuent leurs déchets eux-mêmes. Il est enregistré la même proportion pour ceux qui ont fait appel aux vidangeurs mécaniques. Les services de vidange manuelle ont été utilisés par 6% des ménages. Une (01) personne sur 10 est branchée au réseau d'égout de l'ONEA qui, en rappel, ne se trouve que dans les deux (02) grandes villes du pays (Bobo Dioulasso et Ouagadougou) et dans des quartiers bien ciblés (notamment les zones industrielles).

Selon les données collectées et les entretiens menés, une telle situation s'explique notamment par une faible clarté de la politique sur le sujet. Elle s'explique également par les coûts relativement élevés des investissements dans les infrastructures, le faible niveau d'urbanisation, etc. Cette initiative est donc importante pour réfléchir sur les alternatives qu'offre l'assainissement non connecté.

Graphique 17 : Principal mode d'évacuation des déchets liquides

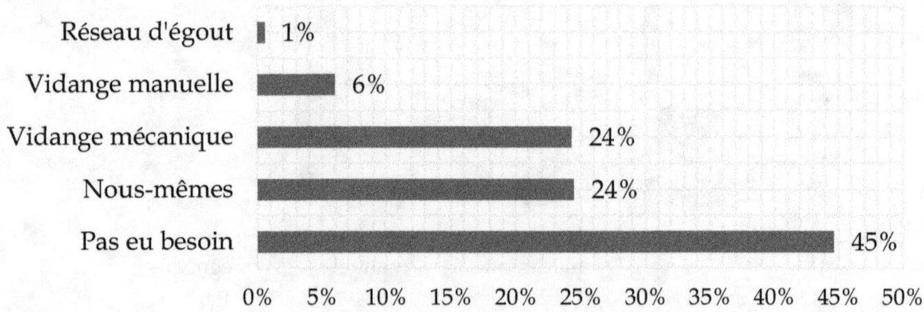

Source : Auteurs, Enquête WASPA, 2019

Pour les ménages qui évacuent eux-mêmes leurs déchets, la destination finale privilégiée relevée par la recherche est jugée inappropriée. Il s'agit de la rue ou des caniveaux utilisés par 90% de ces ménages. En dehors des latrines et des espaces aménagés utilisés par respectivement 2% et 5% de ces ménages, les autres lieux d'évacuation sont également inappropriés (*Cf.* Graphique 18) : parcelles vides/espaces verts (13%) et les cours d'eau (7%).

Graphique 18 : Destination finale des déchets liquides gérés par les ménages eux-mêmes

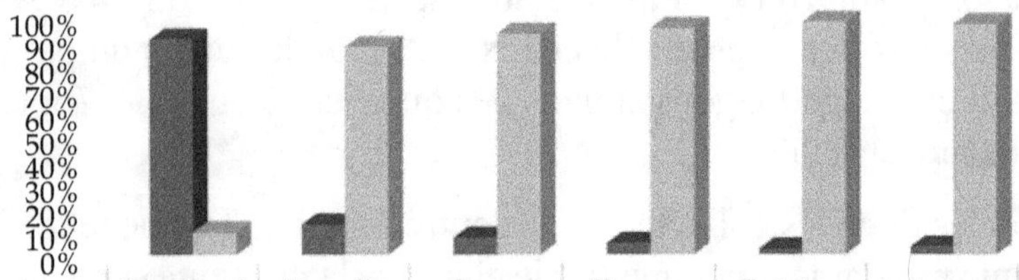

	Rue/caniveau	Parcelle vide /espace vert	Cours d'eau	Espace amégé	Latrine	Autre
Oui	90%	13%	7%	5%	2%	3%
Non	10%	87%	93%	95%	98%	97%

Source : Auteurs, Enquête WASPA, 2019

Les données de l'enquête montrent, par ailleurs, qu'en général, les ménages se préoccupent peu de la destination finale de leurs déchets liquides une fois qu'ils sont évacués par les services de vidange. Ce faible intérêt devient encore plus important si la tâche est confiée à un vidangeur mécanique. C'est ce qu'affirment 87% et 53% des enquêtés ayant confié l'évacuation de leurs déchets respectivement aux vidangeurs mécaniques et manuels (*Cf.* Graphique 19). Dans une certaine mesure, cela traduirait le fait qu'il n'y a pas de préoccupations liées à la question de chaîne de valeur chez les ménages. En se basant sur les données du graphique 19 ci-dessous, l'évacuation des déchets par les vidangeurs manuels peut être jugée elle-aussi inappropriée : ces derniers les rejettent directement pour la plupart du temps dans la rue (selon 25% des ménages ayant eu recours à ce service), les champs agricoles (13%), et dans des sites sauvages (3%) et les cours d'eau (3%).

Graphique 19 : Destination finale des déchets liquides évacués par les services de vidange mécanique ou manuelle selon les ménages

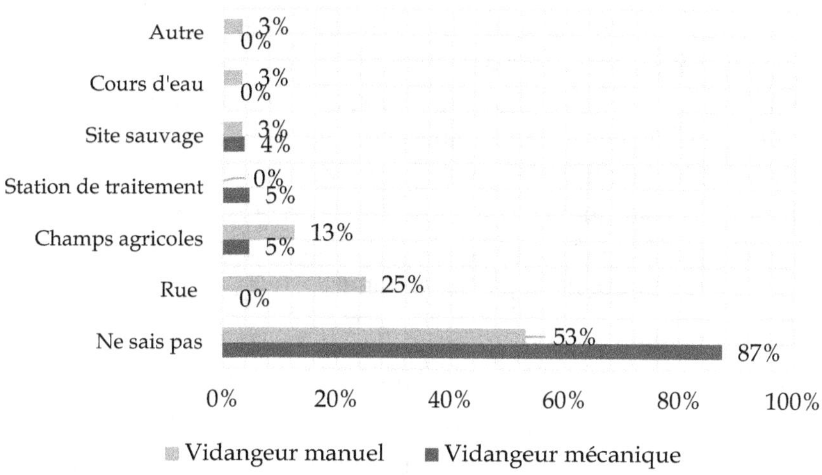

Source : Auteurs, Enquête WASPA, 2019

Au terme de ces analyses, de manière générale, il faut retenir de l'évacuation des déchets liquides des ménages, trois (03) points clés :

i) des lieux inappropriés utilisés pour le dépotage et l'évacuation par les ménages et par les services de vidange mécanique et surtout manuelle (rue, caniveaux, cours d'eau, parcelles vides/espaces verts, cimetières, etc.). Ces pratiques posent d'importants problèmes notamment en matière de santé publique. Ils sont sources de prolifération de maladies de tout genre (paludisme, choléras, etc.). Ces résultats confirment aussi la mauvaise gestion globale des déchets liquides dans les villes du Burkina Faso. Ils sont un motif d'interpellation des décideurs pour des mesures de contrôle plus rigoureuses et pour le renforcement des politiques et actions de sensibilisation et d'information à l'endroit des ménages.

ii) un taux d'auto-gestion relativement élevée des DLBV, mais qui n'est pas conforme aux pratiques recommandées. Le fait que des ménages essaient de gérer ces types de déchets eux-mêmes sont sources de nombreux risques à la fois pour l'homme et l'environnement. Comme mentionné précédemment, des actions de sensibilisation et de sanctions sont aussi nécessaires pour mettre chaque citoyen devant ses responsabilités. Il est très commun de voir des dépôts de boues de vidange le long des murs dans les quartiers, ce qui est pour le moins repréhensible quand les risques de santé y relatifs sont considérés.

iii) Faible utilisation du système de vidange (mécanique et manuel). Cela justifie le niveau relativement élevé de l'auto-gestion évoqué avec toutes les conséquences néfastes connues et développées dans le point précédent. De manière générale, il faut noter que les raisons de la faible utilisation de la vidange mécanique sont entre autres, le manque de moyens des ménages, l'insuffisance ou l'inadéquation des infrastructures, etc., points sur lesquels ce rapport revient dans la partie suivante.

3.1.1.3. Principales contraintes/difficultés rencontrées par les ménages dans la gestion des déchets liquides

En général, dans les pays en développement comme le Burkina Faso, le manque de moyens est évoqué comme l'un des principaux obstacles à la bonne gestion des déchets quelle qu'en soit la nature. Pour les ménages qui ont fait appel à des services spécialisés, chaque opération d'évacuation leur coûte en moyenne dix-neuf mille cinq cent quarante (19 540) francs CFA, soit vingt mille deux cent quatre-vingt-dix-neuf (20 299) francs CFA pour le service de vidange mécanique et seize mille deux cent soixante-neuf (16 269) francs CFA pour celui de la vidange manuelle.

Selon les données du graphique 20, la majorité des ménages (54%) ayant utilisé le service de vidange mécanique jugent le coût élevé. Ce coût semble être lié à la qualité du service rendu, car la grande majorité de ces ménages sont satisfaits des prestations (91% des ménages qui ont eu recours au service). Pour les ménages qui ont eu recours à la vidange manuelle, plus de la moitié (52%) trouvent le coût acceptable et sont pour la plupart également satisfaits de la qualité du service (97%) (*Cf.*

Graphique 20). Sur ce point et en se référant aux résultats sur les destinations finales des déchets, il ressort que la préoccupation première des ménages, c'est d'amener les déchets hors de leur espace de vie immédiat, peu importe l'utilisation finale et les conséquences sur l'environnement et sur la santé du voisinage.

Une des leçons à tirer de ces résultats est la nécessité de légiférer sur la vidange manuelle et de renforcer les capacités techniques et organisationnelles des acteurs concernés, qui sont indispensables dans certains milieux du pays, compte tenu de la pauvreté des populations et des problèmes d'urbanisation (notamment le manque/l'insuffisance d'infrastructures, la prolifération des quartiers non lotis dans la plupart du temps totalement inaccessibles en véhicule). Une autre leçon à tirer est la nécessité de développer l'approche chaîne de valeur et de sensibiliser les ménages sur la question afin qu'ils aient une conscience plus aigüe des effets négatifs de leurs pratiques d'assainissement.

Graphique 20 : Appréciation des ménages du coût et de la qualité de l'évacuation des déchets liquides par les services de vidange

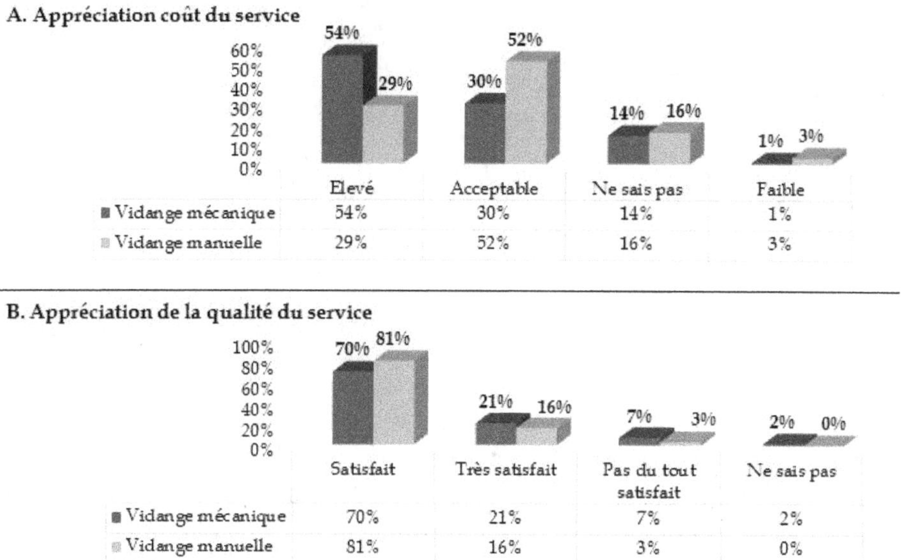

Source : Auteurs, Enquête WASPA, 2019

En rappel, 25% des ménages enquêtés s'occupent eux-mêmes de l'évacuation de leurs déchets liquides. La principale raison qui empêche ces ménages de faire appel à des services spécialisés réside dans le fait que ces derniers pensent surtout que cela n'est pas nécessaire. La proportion des ménages qui ont ce raisonnement est de 59% (*Cf.* Graphique 21). Ces attitudes sont liées au fait qu'ils ont la possibilité d'évacuer leurs déchets dans n'importe quel endroit inapproprié de la ville sans encourir de sanction dans la pratique.

Ces pratiques (qui frôlent l'incivisme) contribuent à la prolifération des déchets dans les villes burkinabè. Par ailleurs, la pauvreté, l'inexistence (temporaire) de vidangeurs (notamment dans les villes de Dédougou et Fada N'Gourma) et la faible qualité du service de vidange sont aussi des arguments avancés par les ménages pour justifier l'auto-gestion de leurs déchets liquides (*Cf.* Graphique 21). Des résultats similaires ont été trouvés par le GRAAD Burkina (2019) dans le cadre de l'élaboration du Plan d'action nationale de gestion intégrée des déchets au Burkina Faso.

Graphique 21 : Raison de l'auto-gestion des déchets liquides par les ménages

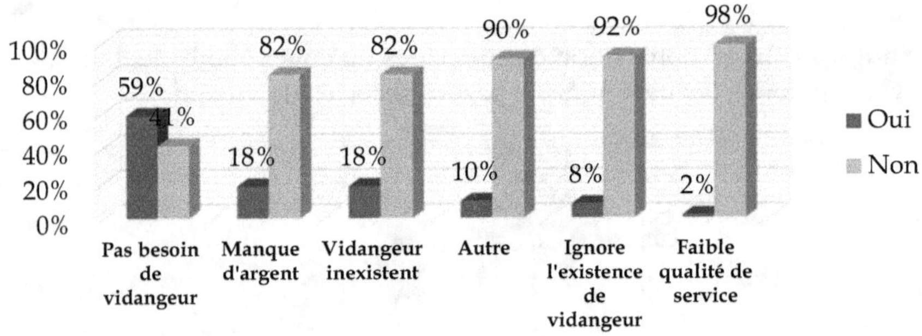

<u>**Source**</u> : Auteurs, Enquête WASPA, 2019

3.1.2. Gestion des boues de vidange

Ce point traite de façon spécifique de la gestion faite des boues de vidange par les ménages. En matière de gestion des déchets, la quantification est une donnée importante. Malheureusement, la recherche n'a pas pu le faire pour les boues de vidange. De ce fait, deux (02) sous-points sont abordés dans cette section. Le premier sous-point analyse le processus d'évacuation des boues de vidange et le deuxième présente les difficultés rencontrées dans la gestion de ces déchets.

3.1.2.1. Mode d'évacuation des boues de vidange

i). Installations de stockage des boues de vidanges dans les ménages

Avant d'analyser l'évacuation proprement dite, il convient d'apprécier les installations mises en place pour stocker les boues de vidange. Étant donné que le cadre géospatial de la recherche est le milieu urbain, la quasi-totalité (97%) des ménages possède des toilettes. Ces installations sont en majorité construites par un maçon non qualifié après qu'une autre personne ait creusé le trou (71% des ménages). Le recours à un service spécialisé est faible, seulement 10% des ménages (*Cf.* Graphique 22).

Graphique 22 : Possession et auteur de réalisation des toilettes dans les ménages

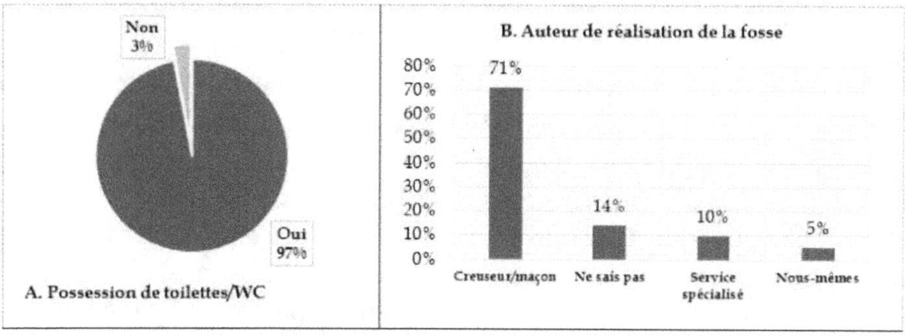

Source : Auteurs, Enquête WASPA, 2019

Pour la majorité des ménages enquêtés (85%), les toilettes sont en bon état. Néanmoins, 16% des ménages ont des toilettes en mauvais état, ce qui n'est pas négligeable au regard du degré de nuisance élevé des boues de vidange (*Cf.* Graphique 23).

Graphique 23 : État des toilettes dans les ménages

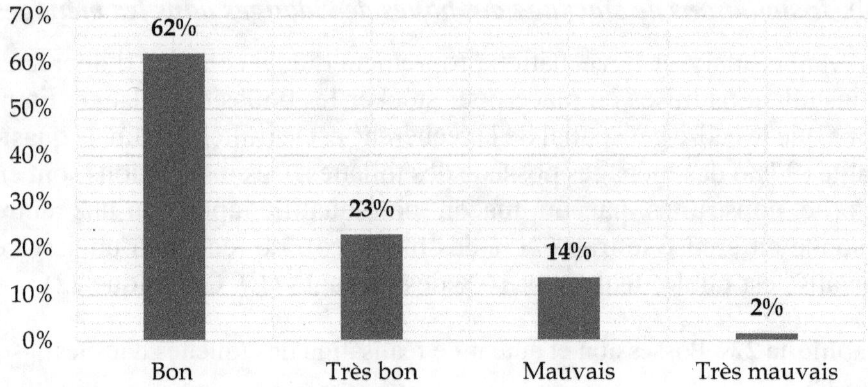

Source : Auteurs, Enquête WASPAA, 2019

ii). Moyens d'évacuation des boues de vidanges

Les données du graphique 24 ci-dessous montrent que les ménages ont utilisé beaucoup plus le service de vidange mécanique (45% des ménages) comparativement à la vidange manuelle (17%). Par ailleurs, au moment de l'enquête, 1% des ménages ont préféré eux-mêmes évacuer leurs boues de vidange, alors que 42% n'avaient pas encore ressenti la nécessité de le faire. Ce dernier cas est lié à deux (02) principales raisons. Il est possible que les fosses qui stockent ces déchets ne soient pas encore pleines. Dans certains cas également, une fois pleine, la fosse est refermée et une autre est construite (ce comportement est courant dans les villes secondaires, mais aussi dans les quartiers non lotis des grandes villes).

En résumé, l'évacuation des boues de vidange des ménages est faite de trois (03) manières différentes : l'évacuation par les services spécialisés (vidanges mécaniques ou manuelles), par les acteurs eux-mêmes et quelque fois aucune action n'a été nécessaire car des ménages utilisent comme lieu d'aisance la nature.

Graphique 24 : Utilisation des services d'évacuation des boues de vidange dans les ménages

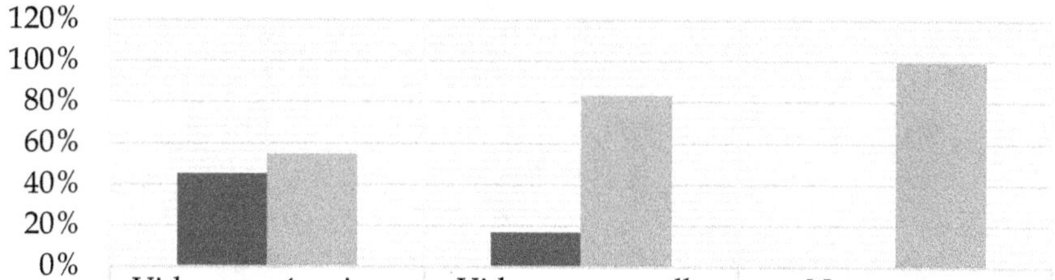

	Vidange mécanique	Vidange manuelle	Nous-mêmes
Oui	45%	17%	1%
Non	55%	83%	99%

Source : Auteurs, Enquête WASPA, 2019

iii). Destination finale des boues de vidange

Les données du graphique 24 ci-dessus montrent trois (03) acteurs responsables de l'évacuation des boues de vidange produites dans les ménages. Il s'agit des services de vidange mécanique et manuelle, et des ménages eux-mêmes. Les enquêtes montrent que ces acteurs n'ont pas les mêmes comportements en matière de gestion des boues de vidange. De manière générale, les services de vidange mécanique ont des pratiques qui peuvent être jugées responsables comparativement aux deux (02) autres acteurs.

Le graphique 25 ci-dessous indique en effet que 6% des ménages affirmant que les boues de vidange sont envoyées dans des lieux inappropriés ont utilisé des vidangeurs mécaniques. Pour les vidangeurs manuels, c'est 31% des ménages qui témoignent que des boues de vidange sont rejetées dans les rues/parcelles vides/dépôts sauvages. Par ailleurs, comme pour les déchets liquides, la grande majorité des ménages ignorent la destination finale des boues de vidange collectées chez eux (de 83% des ménages ayant eu recours aux vidangeurs mécaniques et 51% pour ceux qui ont contracté les vidangeurs manuels, (*Cf.* Graphique 25)).

Graphique 25 : Destination finale des boues de vidange par type de service selon les ménages

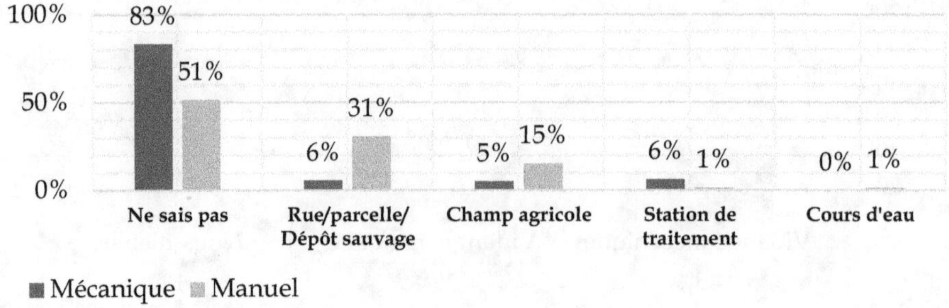

Source : Auteurs, Enquête WASPA, 2019

Pour les ménages qui ont eux-mêmes procédé à l'évacuation de leurs déchets (03 ménages au total), les destinations finales ont été la rue, les parcelles vides et les lieux de dépôts sauvages.

3.1.2.2. Principales contraintes rencontrées dans la gestion des boues de vidange selon les ménages

Les contraintes relevées dans la gestion des boues de vidange des ménages sont de trois (03) ordres. La première contrainte est liée aux coûts élevés des services spécialisés (notamment la vidange mécanique), la deuxième porte sur la disponibilité de ces services et la troisième est d'ordre pratique qui regroupe la structure des habitations (rendant certaines zones inaccessibles aux véhicules), la nature des installations de stockage et la mauvaise utilisation de ces installations (introduction d'objets solides).

i). Coût de l'évacuation. L'évacuation des boues de vidange a naturellement un coût. Au regard de la pauvreté générale des populations, ces coûts semblent élevés. Du coup, les ménages sont obligés de jongler avec leurs déchets et cela favorise le développement de mauvaises pratiques. Comme mentionné plus haut, pour les ménages qui ont fait appel aux services spécialisés (mécanique et manuel), chaque opération d'évacuation leur coûte en moyenne dix-neuf mille cinq cent dix-sept (19 517) francs CFA, soit vingt mille deux cent vingt-deux (20 222) francs CFA pour le service de vidange mécanique et dix-neuf mille trois cent quatre-vingt-dix (19 390) francs CFA pour celui du manuel. Concernant la vidange manuelle, les données recueillies ne permettent pas une analyse statistique, mais sur la base des entretiens, quelques informations pertinentes peuvent être soulignées. Les ménages qui ont eu recours à ce type de vidange, jugent le coût du service globalement acceptable, et le coût de vidange mécanique relativement élevé. Cette raison est avancée par 26% des ménages enquêtés sur ce point (*Cf.* Graphique 26). En fin de compte, ces données suggèrent le renforcement des capacités techniques et organisationnelles des vidangeurs manuels, beaucoup moins professionnels que leurs homologues de la vidange mécanique pour les mêmes raisons citées plus haut.

ii). Indisponibilité/inexistence des services de vidange mécanique. Dans chacune des villes de Dédougou et de Fada N'Gourma (les villes secondaires du Burkina Faso en général), la recherche a enregistré un seul service de vidange mécanique qui ne travaille que de manière temporaire : c'est l'argument avancé par une partie des ménages (10%) pour justifier leur choix du service de vidange manuelle.

iii). Contraintes pratiques. Dans les quartiers non lotis des villes enquêtées, la grande majorité des habitations ne sont pas accessibles aux véhicules de vidange mécanique. Ce qui rend l'utilisation de ce service impossible/difficile. Selon les données collectées (*Cf.* Graphique 26), 9% des ménages sont dans cette situation. De même, il existe des installations (types de fosses) qui ne sont pas adaptées pour l'utilisation de la vidange mécanique ; une situation que vivent 21% des ménages. Par ailleurs, certains ménages (24%) ont une mauvaise utilisation de leurs toilettes, en y jetant des objets solides de tout genre. Cela rend toute évacuation par vidange mécanique très difficile, voire impossible.

Graphique 26 : Raison de non-utilisation du service de vidange mécanique par les ménages

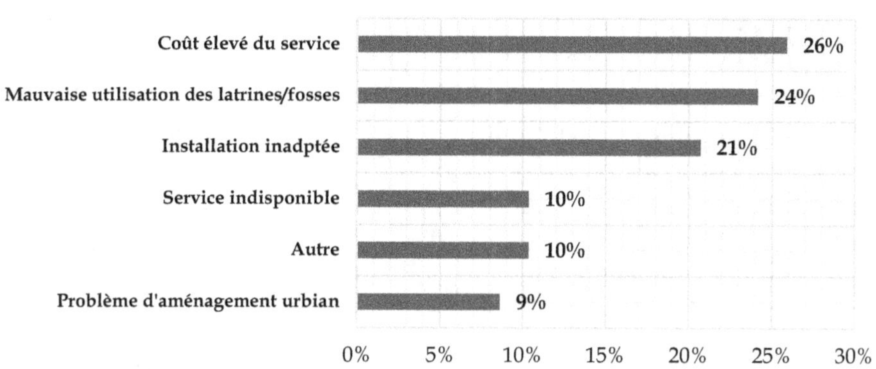

Source : Auteurs, Enquête WASPA, 2019

3.2. Au niveau des services de vidange mécanique et manuelle

Cette deuxième section du chapitre analyse la gestion des boues de vidange au niveau du maillon de collecte, du transport et d'évacuation, qui est dans les normes[2], un intermédiaire entre les producteurs et les utilisateurs finaux de ces déchets. Ce maillon comprend surtout les vidangeurs mécaniques et manuels. L'intervention de ces acteurs dans le secteur se fait en trois (03) étapes : *(i)* la collecte des déchets liquides/boues de vidange dans les lieux de production (ménages et lieux publics et services/structures) ; *(ii)* dans les normes, le transport/évacuation de ces déchets jusqu'à la destination finale prévue ; *(iii)* le dépotage des déchets transportés dans un lieu bien précis.

De la première à la troisième étape, plusieurs éléments doivent être pris en compte pour éviter des conséquences désastreuses. Ces éléments concernent aussi bien les outils/matériels utilisés que les aspects techniques et organisationnels. Pour cerner tous les aspects de la gestion des déchets liquides/boues de vidange au niveau de ces acteurs, trois (03) points sont abordés dans cette section. Le premier point présente les caractéristiques générales des services de vidange, le deuxième fait un état des lieux de l'activité de vidange et le troisième analyse le traitement des déchets concernés, de même que les contraintes et les perspectives liées à la bonne gestion.

3.2.1. Caractéristiques générales des services de vidange

3.2.1.1. Statut juridique, domaine d'activités, expérience

De manière générale, l'enquête a porté sur un échantillon de 46 vidangeurs (soit 52% des vidangeurs mécaniques et 48% des vidangeurs manuels). Sur les 46 vidangeurs, 38 (dont 21 mécaniques et 17 manuels), soit 79%, proviennent des grandes villes et le reste 8 (dont 3 mécaniques et 5 manuels) des villes secondaires, soit 21%. Quel que soit le milieu, les vidangeurs manuels sont généralement des entreprises individuelles/familiales (68%) ou des associations (32%). Parmi les vidangeurs mécaniques, seulement quatre (4) (soit 17%, tous implantés

[2] Les enquêtes ont révélé que dans beaucoup de cas, il n'y a pas d'utilisateurs pour ces déchets, mettant fin à la chaîne. Dans certains cas également, les vidangeurs manuels évacuent ces déchets et les déposent sur place, ou profitent de la pluie pour les déverser dans la rue.

dans les grandes villes) ont le statut de Société à Responsabilité Limitée (SARL), le reste étant des entreprises individuelles/familiales (75%) et des associations (8%).

En général, chaque vidangeur (mécanique ou manuel) a la possibilité de se spécialiser dans les boues de vidange ou les déchets liquides, ou les deux (02). Les données de cette recherche montrent que tous les vidangeurs mécaniques sont dans la vidange à la fois des déchets liquides et des boues de vidange. Il existe des vidangeurs manuels qui sont uniquement dans la vidange des boues (18%), mais la majorité d'entre eux n'a pas de spécialisation (82%).

Par ailleurs, les entreprises évoluant dans la vidange sont relativement jeunes (en moyenne 7 ans d'existence ; soit 6 ans pour les vidangeurs mécaniques et 8 ans pour les manuels). Seulement un quart (¼) des entreprises ont plus de 10 ans d'existence.

3.2.1.2. Secteur de vidange et emplois générés

En général, les données de l'enquête montrent que le métier de vidangeur est masculin ; celui de vidangeur manuel l'est exclusivement. En effet, aucun employé de sexe féminin n'est enregistré parmi les vidangeurs manuels. Tous les premiers responsables sont d'ailleurs de sexe masculin. En outre, le taux d'emploi féminin dans ce secteur est inférieur à 10% (soit environ 6%). Sur les 261 emplois générés par les 46 services de vidange enquêtés, seulement 28 sont de sexe féminin. Cette situation est liée au fait qu'il s'agit d'un métier qui demande beaucoup plus de mouvements et de force physique, et les stéréotypes sexistes veulent que ce soit les hommes qui fassent ce travail.

Par ailleurs, même en situation de sous-exploitation de ses potentialités, il faut souligner que le secteur est pourvoyeur d'emplois, soit environ six (06) employés par entreprise (la vidange mécanique enregistre le plus d'emplois avec neuf (09) employés en moyenne par service, contre environ quatre (04) pour la vidange manuelle). C'est un secteur qui peut donc offrir plus d'emplois avec une revalorisation stratégique et une meilleure organisation. Dans les mêmes conditions, avec déjà un taux d'emploi de jeunes de 43% (données de l'enquête), le secteur de la vidange peut aussi contribuer à réduire le chômage des jeunes. Pour le moment, ce sont les adultes de sexe masculin qui occupent surtout les emplois générés par ce secteur. L'âge moyen du premier responsable est de 44 ans.

3.2.1.3. Niveau d'éducation des premiers responsables

En liant le niveau d'éducation du premier responsable au type de services, il ressort que dans la vidange manuelle, la grande majorité des responsables sont sans diplôme (91%), et le plus haut diplôme se limite au Certificat d'Etudes Primaires (CEP) (9%). Cette structure particulière de l'emploi dans ce secteur peut s'expliquer par les faibles rémunérations qu'il offre (selon les témoignages recueillis sur le terrain) et surtout l'image dévalorisante construite autour du métier par la société. La tendance n'est pas si différente au niveau de la vidange mécanique, qui enregistre 62,50% de responsables sans diplôme ; le CEP, le Brevet d'Etudes du Premier Cycle (BEPC) et au moins le Baccalauréat correspond chacun à 12,50% des responsables.

3.2.2. L'activité de vidange

L'objectif de ce point est de présenter et d'analyser l'activité des vidangeurs. Cet état des lieux de l'activité porte essentiellement sur la maîtrise de l'environnement (juridique, règlementaire, etc.) de l'activité par les acteurs, la caractérisation du matériel/des équipements utilisés, les conditions et stratégies de travail.

3.2.2.1. Connaissance de l'environnement du travail

L'activité de vidange relève avant tout du secteur privé, mais est encadrée par la Commune avec la décentralisation. En principe, au Burkina Faso, tout secteur d'activités est placé sous tutelle d'une autorité publique, qui veille à l'encadrement, au respect des orientations et autres conditions de bon fonctionnement. Dans le cas du sous-secteur de l'assainissement, les connaissances sur ces éléments semblent faibles. En effet, le tableau 11 ci-dessous montre que quel que soit le type de services de vidange, il n'y a que très peu (environ 1 service sur 10) qui connaissent réellement l'autorité de tutelle. De même, en moyenne, seuls deux (02) services sur dix (10) ont connaissance du cadre politique/stratégique de l'assainissement au Burkina Faso. Cela implique que la majorité fonctionne sans un réel contact et donc de contrôle ou d'encadrement de l'autorité publique. Cette situation est préoccupante au regard des enjeux (socio-économique et environnemental) du secteur. Malgré les efforts déjà déployés par les pouvoirs publics, une meilleure organisation s'impose.

Tableau 11 : Connaissance de l'autorité de tutelle et des textes par type de service

	Autorité de tutelle		Textes	
	Oui	***Non***	***Oui***	***Non***
Vidange mécanique	13%	87%	29%	71%
Vidange manuelle	13%	87%	14%	86%
Moyenne	**13%**	**87%**	**22%**	**78%**

Source : Auteurs, Enquête WASPA, 2019

De la lecture des données collectées, il apparaît qu'une bonne partie des services de vidange est peu encadrée et fonctionne en dehors de tout regard ou contrôle de l'autorité publique. La situation est encore plus alarmante pour les vidangeurs manuels. Les données du graphique 27 ci-dessous confirment cette conclusion. En moyenne, plus de la moitié des services déclarent n'entretenir aucune relation avec l'autorité publique. Cette proportion est de 82% pour les vidangeurs manuels et 38% pour les vidangeurs mécaniques. Pour les services qui sont en contact avec l'autorité publique, notamment la Commune, les relations sont de trois (03) ordres : sensibilisation/accompagnement (02 services sur 10 en moyenne), contrôles (01 service sur 10 en moyenne), établissement de documents liés à l'exercice du métier (01 service sur 10 en moyenne).

Graphique 27 : Types de relation entre les services de vidange et l'autorité publique

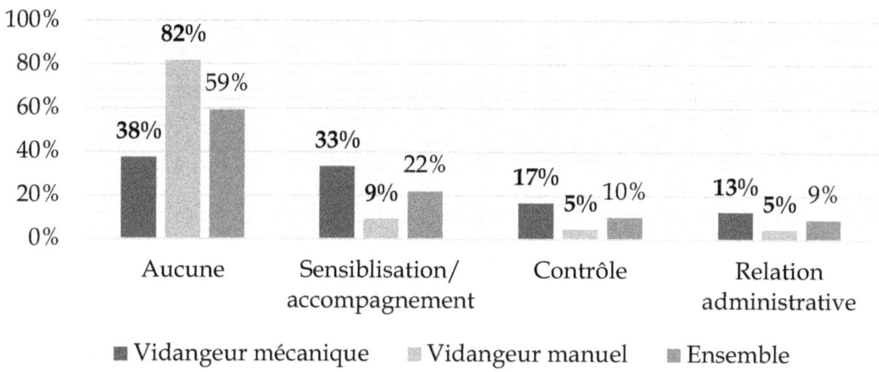

Source : Auteurs, Enquête WASPA, 2019

3.2.2.2. Matériels et petits équipements de vidange

Les données du tableau 12 ci-dessous montrent que le matériel roulant constitue la base de l'activité de vidange, notamment pour les services mécaniques. D'une catégorie de service à l'autre, le matériel de base diffère. La vidange mécanique travaille beaucoup avec les camions spécialisés, possédés par la quasi-totalité des acteurs enquêtés. Chaque acteur possède en moyenne deux (02) camions spécialisés (possédés par 21% des vidangeurs mécaniques). Rapporté au nombre de travailleurs, on trouve un ratio d'environ cinq (05) employés pour un (01) seul camion dans les services de vidange. Dans la pratique, il y a généralement deux (02) à trois (03) personnes par camion pour les sorties de vidange. Le reste du personnel relève de l'administration.

Quant à la vidange manuelle, le matériel le plus utilisé est le tricycle (53% des vidangeurs), suivi de la charrette (47%). Cependant, il faut signaler que même si la moitié des vidangeurs manuels dispose de ce matériel, chacun d'eux possède à peine une (01) unité en moyenne. Ce résultat reflète la réalité du terrain, car il est constaté effectivement que la majorité des vidangeurs manuels se contentent de vider les fosses et de laisser les déchets juste devant les concessions : il n'y a donc pas d'évacuation qui impliquent d'avoir un moyen de transport.

En général, les informations contenues dans le tableau 12 ci-dessous montrent que plus de la moitié du matériel utilisé par les vidangeurs est en bon état. Par ailleurs, la capacité des camions spécialisés varie de 5 à 15 m^3, celle des camions simples de 8 à 12 m^3.

Tableau 12 : Matériel de vidange possédé par type de service

	Vidangeur mécanique				Vidangeur manuel			
	Possession (%)	*Nbre moyen*	*Capacité moy. (m3)*	*En bon état*	*Possession (%)*	*Nbre moyen*	*Capacité moy. (m3)*	*En bon état/ bonne santé*
Camions spécialisés	92%	2	11 [5 ; 15]	86%	0%	0	.	.
Camions simples	21%	0,3	11 [8 ; 12]	60%	13%	0,09	0,6	100%
Tricycles	4%	0,2	*ND**	*ND*	53%	0,6	0,7 [0,5 ; 0,8]	89%
Charrettes	0%	0	.	.	47%	0,4	0,5 [0,8 ; 0,12]	100%
Ânes	0%	0	.	.	20%	0,2	.	100%

Source : Auteurs, Enquête WASPA, 2019 | (*) Données non disponibles

En plus du matériel lourd, d'autres équipements sont utilisés dans l'activité de vidange. Les données de l'enquête (Tableau 13) révèlent qu'il s'agit surtout de pelles, de pioches et quelques fois de râteaux et de brouettes. Les deux (02) premiers sont surtout utilisés par les vidangeurs manuels (soit respectivement 86% et 90%). De façon globale, ces équipements sont en bon état.

Tableau 13 : Petits équipements de vidange possédés par type de service

	Vidangeur mécanique			Vidangeur manuel		
	Possession (%)	*Nombre moyen*	*En bon état*	*Possession (%)*	*Nombre moyen*	*En bon état*
Pelles	59%	1	100%	86%	2	78%
Pioches	59%	1	100%	90%	1	88%
Râteaux	9%	0,3	100%	0%	0	.
Brouettes	5%	0,04	0%	19%	0,3	50%

Source : Auteurs, Enquête WASPA, 2019

En somme, en se basant sur la possession de matériel et d'équipements de travail, il ressort que les services de vidange mécanique possèdent plus de capacités que ceux du manuel. Le niveau de développement et d'efficacité dans le travail des vidangeurs mécaniques est par conséquent de loin supérieur, comme observé sur le terrain.

3.2.2.3. Organisation et stratégies de marché dans l'activité de vidange

(i). Droits et protection sociale dans l'activité de vidange

Il ressort de la recherche que les vidangeurs (manuels et mécaniques) n'ont pas de mutuelle de santé, et ne bénéficient pas d'une couverture maladie spécifique. Cependant, il ressort que lors des formations dont bénéficient les acteurs de la vidange, des consignes sont données pour le respect périodique d'un certain nombre de mesures sanitaires, notamment la vaccination, la consultation médicale, etc. Malheureusement, les entretiens menés montrent que ces consignes ne sont presque jamais appliquées. De la même manière, ces acteurs n'ont pas de syndicat pour défendre leurs intérêts en dehors des associations qui existent.

(ii). Conditions de travail des vidangeurs

L'objectif de ce sous-point est de faire un état des lieux des conditions de travail des vidangeurs. Au regard de la nature du métier de vidange, les conditions dont il est question ici font référence essentiellement aux mesures de sécurité et d'hygiène mises en œuvre par les services pour assurer surtout l'intégrité physique des agents qui sont sur le terrain. En général, l'application de ces mesures commence par la mise à disposition au profit des agents de terrain, des équipements de protection individuels (EPI) que sont des gants, des cache-nez, des chaussures de sécurité, des blouses, etc.

Des données du tableau 14 ci-dessous, il faut retenir de façon globale que les EPI disponibles sont de bonne qualité, même si le taux des services qui en possède reste faible, surtout chez les vidangeurs manuels.

Tableau 14 : Équipements de protection individuels possédés selon le type de service

	Vidangeur mécanique			Vidangeur manuel		
	Possession (%)	*Nombre moyen*	*En bon état*	*Possession (%)*	*Nombre moyen*	*En bon état*
Gants	100%	13	100%	33%	1	71%
Cache-nez	77%	93	94%	24%	1	80%
Chaussures de sécurité	64%	3	79%	14%	0,4	100%
Blouses	50%	3	82%	0%	0	.

Source : Auteurs, Enquête WASPA, 2019

En approfondissant l'analyse, les données du tableau 15 ci-dessous indiquent dans l'ensemble que plus de trois quart (¼) (77%) des entreprises enquêtées ne possèdent pas de kit complet d'EPI. En considérant uniquement les services de vidange mécanique, c'est plus de la moitié (54%) qui n'en possède pas. La situation des vidangeurs manuels est encore plus préoccupante : aucun service n'en possède. Ces résultats montrent un manque de professionnalisme des acteurs et des conditions de travail qui exposent les travailleurs à de nombreux risques, notamment sanitaires vu qu'ils sont régulièrement en contact avec les déchets liquides et de la matière fécale. Ces comportements amplifient certainement les risques de contaminations et de blessures physiques. Il est constaté néanmoins l'usage de certaines combinaisons d'équipements qui pourraient atténuer ces risques. Il s'agit de la combinaison gants/chaussures/cache-nez utilisée par environ deux (02) services sur dix (10) quel que soit le type de vidangeur. Les gants et les cache-nez sont les équipements les plus utilisés en combinaison. Les chaussures et les blouses sont moins utilisées. Ce choix peut être lié aux coûts d'acquisition, car ces deux (02) derniers équipements ont des coûts relativement élevés comparativement aux gants et cache-nez.

Tableau 15 : Combinaison d'équipements de protection individuels possédés par type de service

	Vidangeur mécanique	**Vidangeur manuel**	**Ensem ble**
EPI-Complet	46%	0%	23%
Un seul (Gants, blouse, cache-nez)	23%	5%	12%
Gants/chaussures/cache-nez	18%	19%	21%
Gants/cache-nez	9%	14%	12%
Gants/blouses/cache-nez	5%	0%	2%
Aucun	0%	57%	28%
Gants/chaussures	0%	5%	2%
Total	**100%**	**100%**	**100%**

<u>**Source**</u> : Auteurs, Enquête WASPA, 2019

(iii). Stratégies de marché des services de vidange et gains obtenus

Deux (02) types de stratégies sont en général utilisés par les vidangeurs mécaniques pour satisfaire la demande de la clientèle. La stratégie la plus utilisée (71%) est celle qui consiste à attendre que le client manifeste son besoin (« *stratégie demande* »). Dans la plupart du temps, ces clients sont surtout des proches (parents, ami.e.s, connaissances, etc.) ou d'autres personnes dans le besoin et qui se déplacent vers eux, ou les attendent en cours de route. Cette stratégie est la seule employée par les vidangeurs manuels. La deuxième stratégie qui est la moins utilisée est l'abonnement (« *stratégie abonnement* »). Elle implique un contrat entre le service de vidange mécanique et le client. Dans ce contrat, une périodicité d'enlèvement est fixée entre les deux (02) parties (la fréquence moyenne est de 8 mois). L'abonnement est utilisé par seulement 29% (soit 7 sur 24, dont 1 non-effectif) des vidangeurs mécaniques.

Au regard de la situation actuelle et du potentiel du secteur, la stratégie de l'abonnement peut être qualifiée de minimaliste. L'utilisation limitée de l'abonnement peut être expliquée par un problème d'organisation et de marketing, en faisant l'hypothèse que cette stratégie peut permettre de fidéliser la clientèle et d'offrir plus de gains. L'analyse de la structure financière des entreprises montre que l'abonnement offre moins de gains par opération en comparaison à la stratégie de la demande. Cependant, cette stratégie permet d'avoir un nombre de sorties beaucoup plus important (pour le mois d'octobre pour l'abonnement, 48 sorties contre 24 pour la stratégie demande). Ce faisant, le gain global généré devient supérieur (*Cf.* Tableau 16). Par ailleurs, les données du tableau 16 montrent que la vidange mécanique est largement plus rentable et efficace à tout point de vue que la vidange manuelle. Par opération, l'enquête montre une marge brute moyenne de la vidange mécanique deux (02) fois plus grande que celle de la vidange manuelle ; un nombre moyen d'opérations d'environ quatre (04) fois plus grand et une quantité moyenne enlevée treize (13) fois plus importante.

Tableau 16 : Structure financière de l'activité de vidange par type de service

	Mécanique (Simple)	Mécanique (Abonnement)	Manuel	Mécanique
Sorties octobre	24	48	7	30
Calculs à base de données sur la dernière semaine précédant l'enquête				
Sorties dernière semaine (Nombre)	5	7	2	6
Dépense moyenne actuel/opération (FCFA)	13 971	13 857	16 955	15 813
Recette moyenne/opération (FCFA)	23 559	20 500	23 659	22 667
Marge brute moyenne/opération (FCFA)	9 588	6 643	6 705	6 854
Marge brute moyenne hebdomadaire (FCFA)	49 379	49 290	15 018	39 686
Marge brute moyenne – octobre (FCFA)	**230 118**	**319 987**	**44 250**	**207 681**
Quantité enlevée par opération (m3)	23	10	7	19
Quantité enlevée par semaine (m3)	117	72	15	110
Quantité enlevée – octobre (m3)	**547**	**464**	**44**	**574**

Source : Auteur, Enquête WASPA, 2019

D'un autre côté, les données du tableau 17 ci-dessous qui donnent les informations recueillies pour l'année 2018 laissent penser que les vidangeurs (mécaniques et manuels) ont un niveau de vie largement au dessus du seuil de pauvreté : « *le métier semble donc nourrir son homme* ». Cependant, avec les énormes risques de santé liés au métier, des évaluations plus détaillées sont nécessaires pour mieux analyser la rentabilité de l'activité de vidange. Ce qui peut se situer dans une autre perspective de recherche.

Tableau 17 : Calcul des gains moyens de l'activité de vidange par type de service (année 2018)

	Manuel	**Mécanique**
Capacité moyenne camion (m^3)	-	11
Nombre moyen de sorties par mois	27	80
Nombre moyen de sorties annuel	325	959
Dépense moyenne/opération (FCFA)	15 333	15 225
Recette moyenne/opération (FCFA)	21 136	19 868
Marge brute moyenne par opération (FCFA)	**5 803**	**4 643**
Marge brute moyenne mensuelle (FCFA)	**157 262**	**371 195**
Marge brute moyenne annuelle (FCFA)	**1 887 145**	**4 454 340**

Source : Auteurs, Enquête WASPA, 2019

3.2.3. Gestion des déchets liquides/boues de vidange : modes d'évacuation, contraintes et perspectives

L'objectif de ce point est d'analyser les différents aspects de la GDLBV au niveau des vidangeurs. Pour ce faire, trois (03) sous-points sont abordés : le premier présente les modes d'évacuation des déchets, le deuxième analyse les principales préoccupations des vidangeurs et le troisième donne les points de vue des acteurs en termes de perspectives pour une gestion intégrée des déchets.

3.2.3.1. Modes d'évacuation des déchets liquides et des boues de vidange par les vidangeurs

Cette analyse des modes d'évacuation des déchets liquides et des boues de vidange concerne seulement les vidangeurs manuels. Cela s'explique par le fait que les vidangeurs mécaniques ont l'obligation d'aller faire le dépotage des déchets collectés dans des sites dits de dépotage. Même si certains vidangeurs mécaniques ne respectent pas cet ordre, leur poser la question entraînerait un biais ; l'information pouvant être captée en analysant les fréquentations des sites de dépotage officiels.

Les modes d'évacuation pratiqués par les vidangeurs manuels sont constitués pour l'essentiel de mauvaises pratiques. En effet, quatre (04) principales méthodes sont identifiées dans cette recherche. L'évacuation dans les champs sans revente est la plus courante. Selon le graphique 28 ci-dessous, elle est pratiquée par plus de la moitié des vidangeurs manuels (59%). Cette pratique peut être bénéfique si les mesures de sécurité sont respectées. Mais, dans la réalité, il n'en est rien. C'est donc une pratique nuisible à l'environnement et dangereuse pour la santé humaine et animale.

Les deux (02) autres méthodes d'évacuation les plus utilisées sont encore plus dangereuses. Il s'agit de l'abandon sur place des déchets et du rejet dans les parcelles vides et les espaces verts, qui sont pratiqués respectivement par 36% et 32% des vidangeurs manuels (*Cf.* Graphique 28). Ces résultats confirment une fois de plus que les mauvaises pratiques de gestion de déchets des vidangeurs et des populations sont les causes de la prolifération des dépôts anarchiques des déchets un peu partout dans toutes les villes.

Graphique 28 : Destination des déchets liquides et des boues de vidange évacués par les vidangeurs manuels

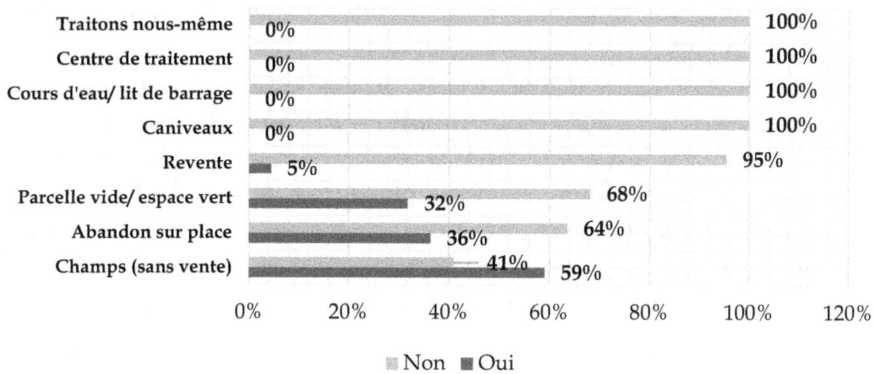

__Source__ : Auteurs, Enquête WASPA, 2019

3.2.3.2. Principales contraintes rencontrées dans le métier de vidangeur

Les contraintes et les difficultés analysées dans ce point ont été recueillies auprès des acteurs concernés, à savoir les vidangeurs mécaniques et manuels. De l'avis des vidangeurs qui voient et vivent les réalités du terrain, et qui sont donc mieux placés pour donner une appréciation globalement objective, les déchets liquides et les boues de vidange sont globalement mal gérés. Les vidangeurs qui le pensent représentent 70% contre 30% qui jugent que la situation est plus ou moins acceptable dans certaines localités (*Cf.* Graphique 29).

Graphique 29 : Appréciation de l'état de la gestion des déchets liquides et des boues de vidange par les vidangeurs

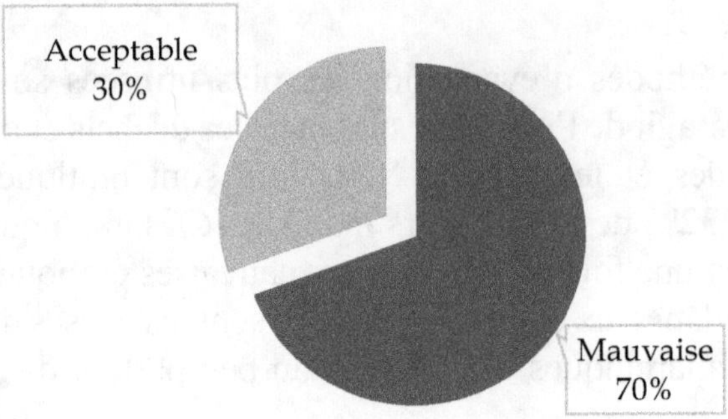

Source : Auteurs, Enquête WASPA, 2019

Les pratiques les plus nocives dans les localités concernées par la recherche selon les enquêtés portent sur des réalités bien connues. Il s'agit en premier lieu de la mauvaise utilisation des latrines par les ménages, citée par plus de la moitié (52%) des vidangeurs (*Cf.* Graphique 30). En effet, certains ménages mettent dans les latrines toutes sortes d'objets solides (sachets plastiques, fers, objets tranchants, objets pointus et contondants, etc.) qui rendent très souvent la vidange mécanique très difficile voire impossible et la vidange manuelle encore plus dangeureuse et risquée en termes de blessures et d'intoxication.

En deuxième position, les vidangeurs notent le dépotage anarchique et la défécation à l'air libre (cités par 41% des vidangeurs) (*Cf.* Graphique 30). La troisième pratique nocive concerne les vidangeurs eux-mêmes et porte sur la non utilisation des EPI qui accentue le risque de contraction de maladies et de blessures des agents de terrain.

Graphique 30 : Pratiques nocives de gestion des déchets liquides et des boues de vidange dans la localité selon les vidangeurs

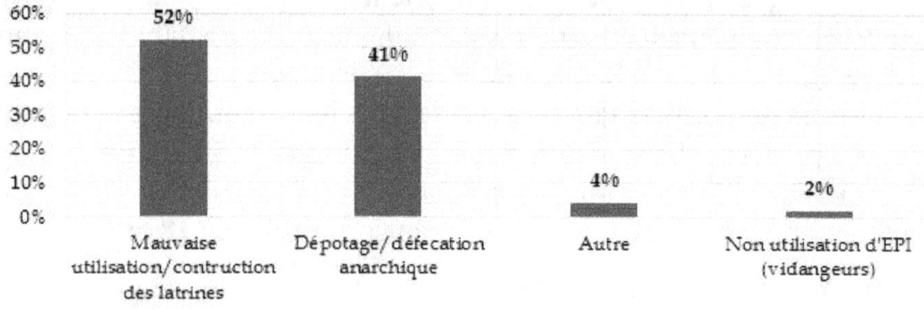

<u>**Source**</u> : Auteurs, Enquête WASPA, 2019

Selon les données du graphique 31, quatre (04) niveaux de comportements inappropriés au sein de leur entreprise peuvent être relevés. Le plus évoqué est la non-utilisation des EPI par les agents de terrain. Les conséquences d'un tel acte sont déjà analysées plus haut. Ce comportement est suivi par le dépotage anarchique (24%) et l'écoulement des déchets sur la voie publique pendant le transport (4%).

Il faut signaler qu'il existe, cependant, des vidangeurs qui font preuve de responsabilité et de vigilance. Ces derniers, moins nombreux (26%), semblent observer les bonnes pratiques en matière de GDLBV dans l'exercice de leur métier de vidange.

Graphique 31 : Pratiques nocives de gestion des déchets liquides et des boues de vidange selon les vidangeurs

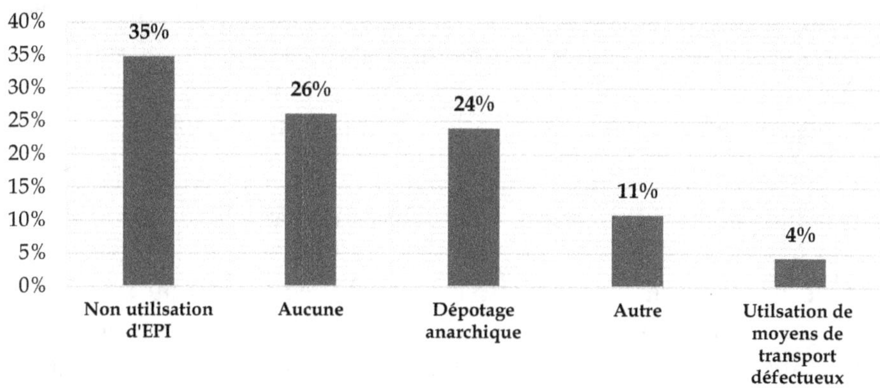

<u>**Source**</u> : Auteurs, Enquête WASPA, 2019

En examinant l'ensemble des pratiques nocives, il ressort qu'il y en a plusieurs qui portent préjudice à la bonne marche de l'activité de vidange, ou qui sont liées à de mauvais comportements. Pour mieux cerner les contraintes auxquelles les vidangeurs font face, une analyse de leurs préoccupations est faite. Pour ce faire, il est demandé aux intéressés d'en citer les trois (03) principales. Chacun des 46 vidangeurs ayant mentionné trois (03) préoccupations différentes, il y a au total 138 mentions. Après la compilation, il ressort que les principales préoccupations rencontrées sont de douze (12) niveaux, selon les données du tableau 18 ci-dessous.

Parmi ces préoccupations, il y a cinq (05) qui ont été mentionnées au moins une (01) fois sur dix (10). La mauvaise utilisation des latrines (y compris le non-respect des normes de construction) a été plus citée (22% des mentions). Elle entraîne des problèmes d'ordre technique car elle empêche le bon curage de la fosse et est souvent source de panne des camions.

En deuxième position, il y a le manque et/ou l'éloignement des sites de dépotage qui entraîne le plus souvent la prolifération des dépôts anarchiques de déchets liquides et de boues de vidange. Des actions sont engagées par le gouvernement pour pallier ce problème, mais au regard des réalités du terrain, confirmées par le cri de cœur des vidangeurs, des efforts allant dans le sens de la mise en œuvre d'infrastructures supplémentaires de dépotage et de traitement doivent être déployés.

En troisième position, les vidangeurs ont mentionné le manque et/ou la vétusté du matériel roulant servant aux vidanges (24%). Cette situation peut s'expliquer en partie par les mauvaises stratégies adoptées par les entreprises qui se traduisent par une faible rentabilité des opérations, une préoccupation qui est citée en quatrième position (cité 1 fois sur 10). Cette préoccupation, est elle-même due au mauvais payement des clients, lequel est lié à l'inorganisation des acteurs et au manque/à l'insuffisance d'encadrement par l'autorité (mentionnée à hauteur de 6%).

Enfin, la cinquième préoccupation concerne les mauvaises conditions de travail qui posent d'énormes problèmes de santé pour les agents de terrain. Dans le tableau 15 ci-dessus, plus de la moitié des services de vidange ne disposaient pas de tous les EPI nécessaires au moment de l'enquête. Cela implique que les agents de ces services ne se protègent pas correctement. Les actions de sensibilisation doivent continuer et se multiplier donc pour faire prendre conscience de la nature des dangers encourus. Dans l'idéal, ces sensibilisations doivent être accompagnées par des formations pratiques.

Tableau 18 : Principales préoccupations dans le métier de vidange

	Effectifs (nombre de fois cités)	Fréquences moyennes
Mauvaise utilisation des latrines	31	22%
Manque/éloignement des sites de dépotage	30	22%
Manque de matériel	24	17%
Problème de santé	18	13%
Faible rentabilité	12	9%
Manque d'encadrement	6	4%
Autre	6	4%
Taxes élevées	4	3%
Inaccessibilité du site de dépotage	3	2%
Manque de main d'œuvre	2	1%
Travail dégradant	1	1%
Tracasserie policière	1	1%
Total	138	100%

Source : Auteurs, Enquête WASPA, 2019

Les données le montrent clairement, les vidangeurs ont besoin d'un bon encadrement et d'un accompagnement réel, notamment de la part de l'autorité publique. Cet encadrement doit porter sur les aspects de contrôle, mais aussi d'accompagnement à travers des formations, des sensibilisations et des facilités pour l'acquisition de matériels adaptés.

3.2.3.3. Perspectives pour une gestion intégrée des déchets liquides et des boues de vidange

Les données de l'enquête et les entretiens menés permettent d'identifier quatre (04) principaux axes d'actions qui sont proposés par les vidangeurs (*Cf.* Graphique 32). Ces résultats ont été obtenus en compilant trois (03) propositions de chacun des 46 vidangeurs enquêtés, soit au total 138 possibilités.

Le premier axe stratégique (selon l'importance des mentions, soit 33%) proposé par ces acteurs concerne la construction d'un nombre suffisant d'infrastructures. Ces infrastructures comprennent les sites de dépotage et l'amélioration/la construction de voies d'accès à ces sites, des centres de traitement et de valorisation, la construction de latrines publiques respectant les normes, etc. Dans le deuxième axe d'action, les acteurs recommandent un accompagnement réel et conséquent de l'autorité publique. Cet accompagnement fait référence à des facilités d'accès au matériel de qualité, une meilleure organisation du secteur, des formations et un soutien à la valorisation des déchets par les vidangeurs.

Le troisième axe d'action proposé met l'accent sur la sensibilisation de toute la population sur la bonne gestion des déchets en général. Pour les vidangeurs, la sensibilisation doit porter surtout sur le dépotage anarchique des déchets et les mesures de sécurité et de santé. L'objectif visé est d'inverser les tendances sur la prolifération des déchets constatée un peu partout actuellement. Pour les mesures de sécurité et de santé, il s'agit de mieux préserver l'intégrité physique des travailleurs d'une part, et d'éviter ou de réduire les risques de santé publique causés par la mauvaise gestion des déchets.

Enfin, le quatrième et dernier axe recommandé porte sur la facilitation de l'accès des vidangeurs aux mécanismes de financement. Cette recommandation vise à renforcer les capacités d'enlèvement des vidangeurs à travers l'acquisition de matériel de qualité (transport, dépotage, curage, etc.). Cet axe d'action rejoint la seconde proposition.

Graphique 32 : Principales actions proposées par les vidangeurs pour une meilleure gestion des DLBV

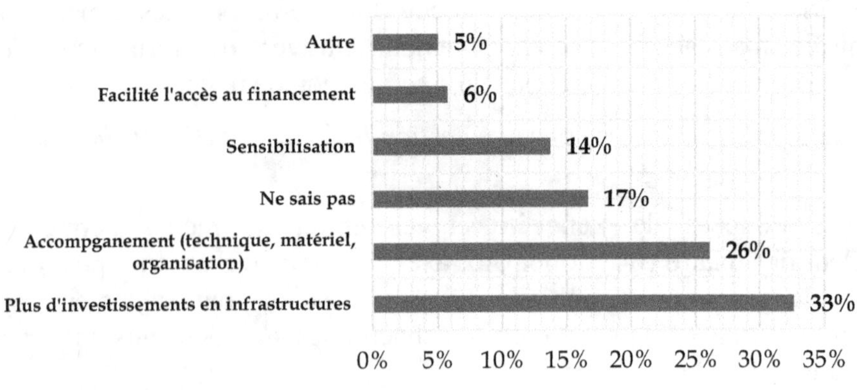

Source : Auteurs, Enquête WASPA, 2019

En somme, il ressort que les vidangeurs attendent plus d'investissements de la part de l'Etat (33% pour plus d'investissements en infrastructures en vue de créer un cadre propice) que du secteur financier (6% pour faciliter l'accès au financement).

3.3. Au niveau des utilisateurs finaux

Les utilisateurs finaux constituent le dernier maillon de la chaîne de valeur de l'assainissement (autonome). La fonction principale de ce maillon est le traitement et la réutilisation/valorisation des déchets reçus. C'est le maillon qui semble le moins développé selon les résultats de cette recherche. Cela a plus ou moins compliqué l'identification des enquêtés. Les acteurs qui composent ce maillon sont des consommateurs directs ou des transformateurs de la matière brute de déchets liquides et/ou de boues de vidange. Les produits sont donc des résidus issus de la transformation des déchets ou directement les déchets non transformés.

Les utilisateurs finaux se positionnent naturellement du côté de la demande des déchets liquides/boues de vidange. Comme pour les acteurs précédents, l'objectif de la présente section est donc d'analyser la gestion des déchets faite au niveau de ces acteurs. A cet effet, trois (03) points sont traités. Le premier point présente les caractéristiques générales des utilisateurs finaux et le deuxième fait l'état des lieux tandis que le troisième point analyse l'utilisation et le traitement réalisés sur les déchets concernés par les utilisateurs.

3.3.1. Caractéristiques générales des utilisateurs finaux

3.3.1.1. Statut juridique, domaine d'activité, expérience

En rappel, au Burkina Faso, les utilisateurs sont assez rares et difficiles à identifier. La fonction principale de ces acteurs est la valorisation. La valorisation dont il est question dans cette recherche comporte deux (02) aspects : la transformation des déchets liquides/boues de vidange pour des motifs commerciaux ou pour servir de matières premières dans la mise en œuvre d'autres activités et la consommation directe des déchets non transformés.

Au total, 16 utilisateurs ont été enquêtés. Ces utilisateurs sont constitués de quinze (15) ménages et d'une seule (01) entreprise de statut

SARL avec quatre (4) années d'existence. Douze (12) ménages évoluent dans le maraîchage et trois (03) dans la culture de céréales. Ces ménages utilisent trois (03) types de produits à base de déchets liquides/boues de vidange : des boues de vidange non transformées (20% des ménages), de l'engrais organique (13% ménages) et la majorité des eaux épurées (67% ménages).

L'entreprise, quant à elle, produit de l'électricité (injectée dans le réseau national) à partir du biogaz à la suite de la transformation des déchets animaliers provenant de l'abattoir frigorifique de Ouagadougou. Les résidus issus de la production du biogaz sont transformés en engrais organique (solide) et chimique (liquide).

3.3.1.2. Secteur de valorisation et emplois générés

De façon globale, les données de l'enquête montrent que les utilisateurs-ménages sont en majorité des femmes. En effet, sur les quinze (15) ménages, dix (10) sont des femmes et (05), des hommes. Dans l'ensemble, cette situation est logique car au Burkina Faso, il y a beaucoup plus de femmes dans l'agriculture périurbaine et le maraîchage.

Un développement de ce maillon de l'assainissement pourrait donc contribuer à atteindre les objectifs d'autonomisation économique des femmes (ODD 5).

3.3.1.3. Niveau d'éducation des premiers responsables

En liant le niveau d'éducation du premier responsable au type d'utilisateur, il ressort que tous les utilisateurs-ménages sont sans diplôme, caractéristique principale des agriculteurs au Burkina Faso. L'entreprise est en revanche dirigée par un responsable ayant un diplôme technique de niveau supérieur.

3.3.2. Utilisation des déchets liquides/boues de vidange

L'objectif de ce point est de présenter et d'analyser l'activité des utilisateurs finaux. Cet état des lieux de l'activité porte essentiellement sur la maîtrise de l'environnement (juridique, règlementaire, etc.) de l'activité par les acteurs, la caractérisation des matériels/équipements utilisés, les conditions et stratégies de travail.

3.3.2.1. Connaissance de l'environnement du travail

Dans le maillon ici traité, ni les utilisateurs-ménages, ni la seule entreprise enquêtée n'a connaissance d'un cadre politique/stratégique régissant le secteur. Néanmoins, au regard de son activité, l'entreprise travaille sous la tutelle des ministères en charge de l'agriculture et de l'énergie. Les ménages sont pour la plupart encadrés par l'ONEA (les 10 ménages évoluant dans le maraîchage). Les autres fonctionnent de manière indépendante.

3.3.2.2. Conditions de travail : utilisation d'équipements de protection individuels

Ce sous-point s'intéresse uniquement aux EPI dont disposent les utilisateurs, dans le cadre de leur travail. L'utilisation de ces équipements est nécessaire pour assurer l'intégrité physique du travailleur. Malheureusement, les données du graphique 33 ci-dessous montrent que seule l'entreprise possède des kits complets d'EPI. Du côté des ménages, il n'y a qu'un (01) seul qui possède une combinaison de trois (03) équipements (gant, blouse et cache-nez), le reste ne dispose que d'un (01) seul équipement (gant, chaussures de sécurité ou blouse de travail).

Graphique 33 : Équipements de protection individuels possédés et utilisés par les utilisateurs

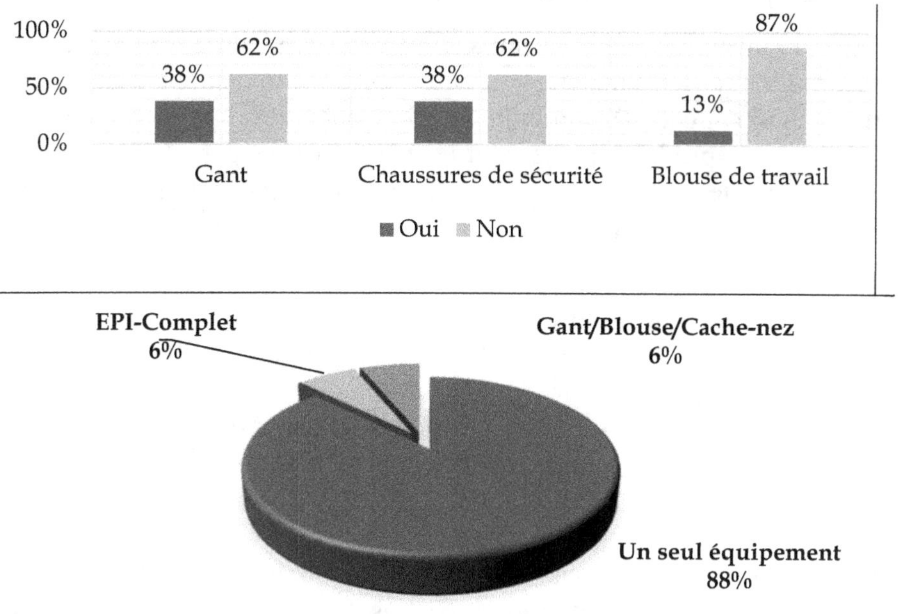

Source : Auteur, Enquête WASPA, 2019

3.3.3. Utilisation des déchets liquides et des boues de vidange : analyse de la demande, contraintes et perspectives

L'objectif de ce point est d'analyser les différents aspects de la GDLBV mise en œuvre par les utilisateurs. Pour ce faire, trois (03) sous-points sont abordés : le premier analyse la demande des produits utilisés par les utilisateurs, le deuxième présente les principales préoccupations des acteurs et le troisième donne leurs points de vue en termes de perspectives pour une gestion intégrée des déchets.

3.3.3.1. Analyse de la demande des produits issus des déchets liquides/boues de vidange : modes d'utilisation et de traitement des déchets

Par définition, les utilisateurs étudiés sont des demandeurs de produits issus des déchets liquides et des boues de vidange. L'analyse des conditions de la demande peut permettre de mettre en lumière les contraintes qui empêchent le développement de la valorisation/réutilisation de ces produits. De façon globale, cette analyse va s'appuyer sur trois (03) critères : la disponibilité, l'accessibilité et la qualité des produits livrés.

(i). Disponibilité, accessibilité et coût

Dans l'ensemble, tous les utilisateurs sont satisfaits de la disponibilité des produits qu'ils utilisent, sauf ceux qui s'approvisionnent auprès des vidangeurs manuels (02 agriculteurs sont concernés). Comme mentionné plus haut, ces produits concernent les eaux épurées par l'ONEA pour le maraîchage, les boues de vidange non transformées fournies par des vidangeurs manuels et mécaniques ou des ménages, et, utilisées comme fertilisant organique.

Les déchets utilisés par l'entreprise enquêtée proviennent de l'abattoir frigorique de Ouagadougou. Cette entreprise produit 1 000 kg d'engrais organique trois (03) fois par semaine au coût de vingt-cinq milles (25 000) francs CFA/par opération ; 32,85 millions de Mibar de gaz organique par an et 3 850 kilowatts d'électricité par jour au coût de trois mille huit cent cinquante (3 850) francs CFA (*Cf.* Tableau 19). Les données sur les utilisateurs ménages ne permettent pas d'analyser la situation de manière pertinente du point de vue statistique. Les données contenues dans le tableau 19 ci-dessous sont fournies par cas. Les données sur les acteurs du domaine d'utilisation de maraîchage sont des moyennes provenant de dix (10) enquêtés. Celles du domaine agriculture sont individuelles.

La livraison des produits demandés est faite par le fournisseur pour les utilisateurs des eaux épurées de l'ONEA (10 enquêtés sur 16) et un (01) ménage utilisateur s'approvisionne auprès des vidangeurs mécaniques. Pour le reste, ce sont les acteurs eux-mêmes qui sont chargés d'aller chercher les produits (04 enquêtés sur 16).

Tableau 19 : Valorisation des déchets liquides et des boues de vidange : étude de quelques cas (accessibilité, disponibilité, etc.)

Type de déchet	Domaine d'utilisation	Utilisateur	Quantité moyenne	Coût de production / acquisition (FCFA)	Fréquences	Disponibilité	Fournisseurs
Boues de vidange non transformées ***(m3)***	Agriculture	Agriculteur 1	80	2 000 000	1 an	Très disponible	Vidangeur mécanique
		Agriculteur 2	3	3 000	2 ans	Rare	Vidangeur manuel
		Agriculteur 3	10	25 000	6 mois	Rare	Ménage
Engrais organique ***(kg)***	Transformation	Faso Biogaz	1 000	25 000	2 jours	Disponible	Abattoir
Biogaz ***(million de Mibar)***			32,85	ND	1 an	Disponible	Abattoir
Électricité ***(kilowatt)***			3 850	3 850	1 jour	Disponible	Abattoir
Eaux épurées ***(litre)***	Maraîchage	Jardiniers (04)	832	0	1 jour	Très disponible	ONEA

<u>**Source**</u> : Auteurs, Enquête WASPA, 2019

(ii). Avantages et inconvénients de l'utilisation des produits à base de déchets liquides et de boues de vidange selon les enquêtés

En plus de la disponibilité et de l'accessibilité des produits, les enquêtés ont énumeré des avantages sur la base de leur expérience en tant qu'utilisateurs. Les données du graphique 34 ci-dessous indiquent que ces avantages sont de trois (03) ordres. Les acteurs assurent dans la majorité des cas (75%) que les engrais et les eaux épurées permettent une amélioration des rendements. Dans la même logique, ils affirment que l'utilisation des eaux épurées leur assure un accès prolongé à l'eau pour le maraîchage. Un autre avantage cité est la préservation de l'environnement. Selon eux, la valorisation contribue à réduire la quantité de déchets rejetée dans la nature, évidemment, cette proposition est à relativiser.

Dans la majorité des cas, la majorité des utilisateurs (88%) reconnaissent que la manipulation de ces produits n'est pas sans danger (*Cf.* Graphique 34). Parmi les inconvénients cités, le risque sanitaire semble être le plus redouté. Il est annoncé par plus des deux tiers(69%) des acteurs. Cette situation peut s'expliquer par le non-respect des mesures de sécurité, en commençant par la faible appropriation du principe d'utilisation des EPI. Par ailleurs, pour les maraîchers, les eaux épurées ont une utilisation contraignante : elles ne peuvent pas servir pour l'exploitation des produits qui peuvent se manger crus et qui constituent, pourtant, la base de l'activité.

Graphique 34 : Avantages et inconvénients de l'utilisation des produits à base des déchets

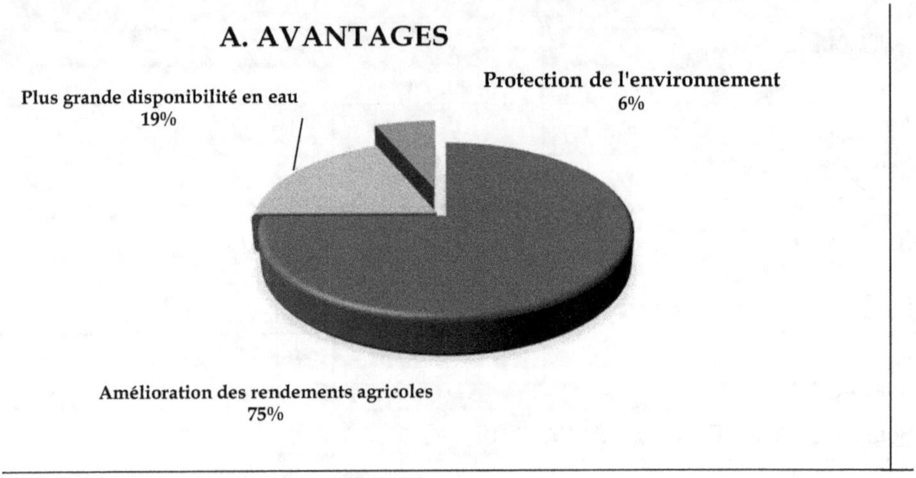

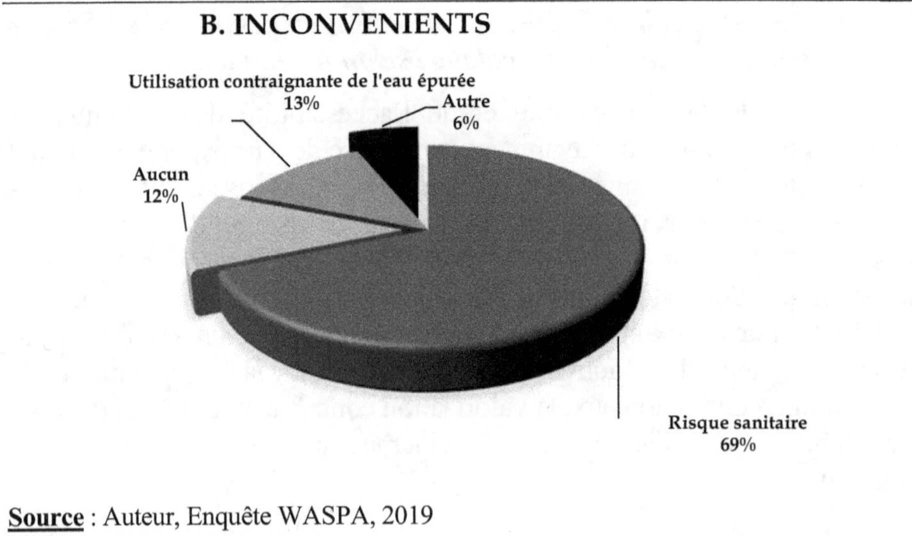

__Source__ : Auteur, Enquête WASPA, 2019

3.3.3.2. Principales contraintes rencontrées et perspectives

***(i).* les pratiques nocives dans la gestion des déchets liquides et des boues de vidange**

Ici également, les données du graphique 35 ci-dessous montrent que les pratiques les plus nocives dans les localités concernées portent sur des réalités bien connues. Il s'agit en premier lieu du dépôt et du dépotage anarchiques des déchets liquides et des boues de vidange, mentionnés par 38% des enquêtés. Le mauvais usage des déchets transformés vient en deuxième position (31% des utilisateurs l'ont mentionné). Ce problème est lié au fait que certains acteurs utilisent les eaux épurées pour exploiter des produits crus sans une autorisation des agents de l'ONEA. C'est une pratique qui peut engendrer des problèmes de santé publique important à cause des produits chimiques qui peuvent intoxiquer les aliments produits. La troisième pratique, mentionnée par un (01) enquêté sur dix (10), est liée au fait que certains ménages jettent toutes sortes d'objets solides dans les latrines. Les conséquences de cet acte sont déjà analysées dans le point 3.2.3.2.

Graphique 35 : Pratiques nocives en matière de gestion des déchets liquides et des boues de vidange selon les utilisateurs

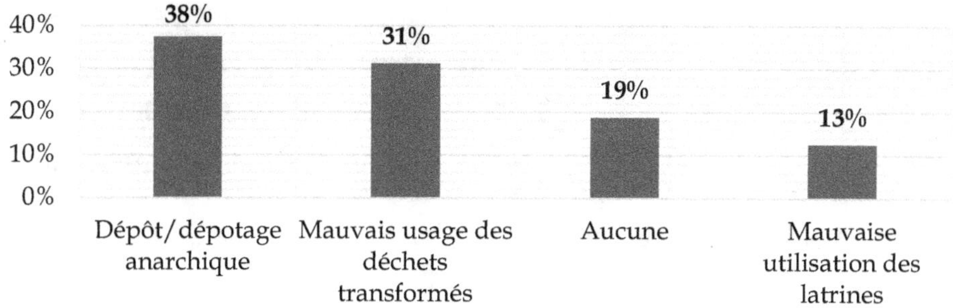

<u>**Source**</u> : Auteurs, Enquête WASPA, 2019

(ii). les principales préoccupations des utilisateurs des produits de vidange

Pour mieux cerner les préoccupations des utilisateurs, la même méthode utilisée au point 4.2.3.2 a été adoptée. Sur la base de cette méthode, six (06) préoccupations dont cinq (05) sont clairement définies dans le graphique 36 ci-dessous. Par ordre d'importance, ces préoccupations sont : le manque de matériels et d'EPI, le manque d'accompagnement de la part de l'autorité publique, les risques sanitaires, la mauvaise qualité des eaux épurées de l'ONEA qui deviennent plus acides en saison sèche avancée (à ce stade, ces eaux détruisent les plantes) et la mévente des aliments produits en utilisant des déchets transformés. En dehors du dernier élément, ces problèmes ont déjà été cités par les vidangeurs.

Les causes de la mévente semblent surtout être liées à une insuffisance de communication des promoteurs. Les activités d'épuration engagées par l'ONEA doivent être accompagnées d'informations à l'endroit de la population pour les rassurer sur la qualité de l'eau. Cela peut créer un sentiment de sécurité et favoriser l'utilisation accrue des eaux épurées et, partant, contribuer à soutenir le développement des chaînes de valeur dans le secteur.

Graphique 36 : Principales préoccupations des utilisateurs

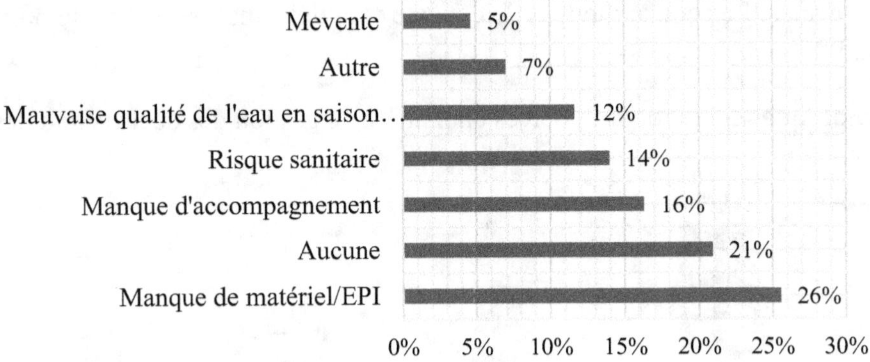

<u>**Source**</u> : Auteurs, Enquête WASPA, 2019

En résumé, tout comme les vidangeurs, les utilisateurs ont aussi besoin d'encadrement. Dans l'ensemble, il faut dire que c'est toute la filière qui attend beaucoup des pouvoirs publics, à commencer par une réelle organisation des acteurs et un accompagnement conséquent. Comme le soulignait une autorité publique : *« les déchets liquides/boues de vidange sont les parents pauvres de l'assainissement »*.

(iii). Perspectives pour une gestion intégrée des déchets

En se basant sur les analyses menées ci-dessus, un certain nombre de problèmes émerge. Ces problèmes peuvent être regroupés en deux (02) catégories. La première catégorie concerne les mauvaises pratiques qui appellent à la multiplication des actions de sensibilisation (populations et utilisateurs) et des formations (à l'endroit des acteurs concernés), mais aussi aux contrôles et aux sanctions. La deuxième catégorie regroupe le manque de matériels et la faiblesse de l'accompagnement.

Ainsi qu'il ressort de toutes les analyses ici faites, les déchets liquides et les boues de vidanges sont mal gérés au niveau de chaque maillon de la chaine de traitement (stockage pour les ménages, collecte et/ou transport pour les vidangeurs, traitement et réutilisation/valorisation pour les utilisateurs finaux). D'un autre côté, les analyses ont montré que les déchets liquides les plus importants en termes de volume sont les eaux de lessive, celles du bain/de la douche, de la vaisselle, des eaux de cuisine et des WC. Les plus polluantes selon les enquêtés sont les eaux du bain/de la douche, de la vaisselle et de la lessive, les eaux de cuisine et de WC. Par ailleurs, il faut retenir que l'évacuation des DLBV se fait généralement par les ménages eux-mêmes vers des lieux inappropriés comme la rue/voie, les caniveaux/fossés, les parcelles vides/espaces verts/nature et même dans la cour du ménage. Ce constat est valable pour les vidangeurs manuels. Selon la plupart des acteurs, les pratiques les plus nocives sont la mauvaise utilisation des latrines par les ménages, le dépotage anarchique et la défécation à l'air libre, la non utilisation des EPI par les vidangeurs.

Au regard des enjeux socio-économiques et des contraintes de la filière, quatre (04) principaux axes d'actions sont proposés par les utilisateurs finaux. Il s'agit de la construction d'un nombre suffisant d'infrastructures, l'accompagnement des acteurs à travers des facilités pour l'accès aux matériels/équipements de qualité, l'organisation du secteur, des formations et un soutien à la valorisation des déchets, la sensibilisation de toute la population et la facilitation de l'accès des opérateurs privés aux mécanismes de financement.

CHAPITRE 4

Assainissement autonome : une analyse par l'approche chaîne de valeur

Comment améliorer l'assainissement dans les pays en développement (PED) en général, et du Burkina Faso en particulier, au regard de la charge économique que ce secteur fait peser sur les gouvernements locaux et les ménages ? C'est la question que se posent les différents acteurs de la filière des DLBV. En général, dans les PED, même si le secteur privé est une alternative dans la fourniture de services, ces services dans l'assainissement sont, soit à peine viables financièrement pour les entrepreneurs, soit inaccessibles au regard du niveau de pauvreté des usagers visés (Boot et Scott, 2009).

Pour trouver des réponses ou des solutions au problème posé, divers plans, programmes et projets ont vu le jour au Burkina Faso. Cependant, la situation demeure toujours globalement difficile au regard d'un certain nombre de problèmes : taux relativement élevé de la défécation à l'air libre, mauvaise gestion des déchets, prolifération des déchets dans les villes, etc.

Pourtant, les travaux de recherches actuels ont montré que le potentiel de valorisation des DLBV est important. Ces travaux soutiennent que les ressources récupérées peuvent créer suffisamment de valeurs ajoutées pour soutenir toute la chaîne de valeur de la filière et par conséquent, contribuer à l'amélioration de l'assainissement (Murray et Ray, 2010 ; Diener et *al.,* 2014). Partant de cette vision, une étude de la chaîne de valeur des DLBV est primordiale dans toute perspective de structuration de cette filière.

Dans cette recherche et au regard du manque de données, les analyses se sont fondées sur des études de cas comme mentionné dans la méthodologie. De ce fait, deux (02) sections sont développées dans ce chapitre. La première section se penche sur la définition et le cadre d'analyse du concept et la deuxième présente la chaine de service de la filière des DLBV.

4.1. Définition et cadre d'analyse de la chaîne de valeur

Le concept chaîne de valeur est présenté pour la première fois par Porter (1982) pour répondre à la préoccupation du positionnement de l'entreprise dans un environnement concurrentiel. Dans la conception de Porter (1982), l'entreprise en tant que lieu de combinaison de ressources produit des biens et services ayant la plus grande valeur possible, qui est établie de deux (02) manières :

- à partir du prix du marché où sa chaîne de valeur est insérée dans un réseau amont/aval ou filière. Ce qui rend l'analyse des activités internalisables/externalisables selon un avantage comparatif qu'elle procure par rapport à l'ensemble des chaînes de la filière ;
- à partir du coût des facteurs qui impliquent une bonne répartition et une bonne coordination des ressources. Ces ressources sont un accouplement de capacités et de compétences distinctives, qui rendent l'entreprise particulièrement compétitive.

Ce modèle est applicable dans le processus de création de services publics et permet de présenter une structure et une signification claires des services offerts ainsi que le réseau de liens dans leur création. Romanowska et Trocki (2004) ont dans ce sens montré qu'elle comprend des composantes et des fonctions de création de valeur, de la mise en forme du produit ou du service, en passant par la fonction de transformation matérielle et logistique jusqu'au service.

L'avantage avec l'analyse de la chaîne de valeur est qu'elle permet à l'organisation de développer un avantage concurrentiel, de sorte que, quelles que soient les compétences de base, l'organisation puisse parvenir à fournir ce que demande le client. Par ailleurs, la chaîne de valeur est utilisée pour identifier et coordonner les activités visant à offrir des produits de haute qualité et des services socialement utiles. C'est dans ce sens que se situe cette analyse.

4.2. Chaine de service de la filière des DLBV au Burkina Faso

Dans la pratique, les éléments de la filière sont généralement interdépendants. De ce fait, la définition claire des rôles et des responsabilités de tous les acteurs devient nécessaire. Selon Bassan (2015), les acteurs en charge de la vidange et de l'évacuation des boues doivent, par exemple, pouvoir participer à la conception du dépotage des boues de la station de traitement. À leur tour, les gestionnaires de la station de traitement doivent coordonner leurs activités avec les entités en charge de l'utilisation finale des produits issus du traitement, de la valorisation ou de la mise en décharge.

La coordination des liens entre chaque étape de la filière apparaît ainsi comme l'une des clefs pour la réussite du système de la gestion des DLBV, ce qui représente souvent une différence avec le système égouts-station pour lequel une seule entité en charge de l'exploitation est nécessaire (Bassan, 2015).

4.2.1. Les acteurs et leurs interventions dans la filière des DLBV au Burkina Faso

A l'instar des autres pays, plusieurs acteurs interviennent dans la gestion des DLBV au Burkina Faso. Ces acteurs peuvent être regroupés en six (06) catégories : les ministères en charge de la question, les opérateurs publics nationaux ou municipaux, la police, les entreprises privées, les associations, les organisations communautaires de base et les ONG. Le tableau 20 ci-dessous donne les détails des différentes interventions de ces acteurs dans la chaine de service de la filière. De façon pratique, les ministères en charge de la gestion des DLBV interviennent dans la mise en œuvre de la règlementation, la coordination du fonctionnement de toute la filière. Ils interviennent par conséquent dans la mise en application des règles de fonctionnement, et donc du suivi et le soutien (technique et financier).

En dehors de l'élaboration et de l'application des lois, avec la décentralisation, les opérateurs publics nationaux ou municipaux ont la charge de la gestion de la filière. La police quant à elle, veille au respect des règles. Actuellement, les entreprises privées composées des vidangeurs mécaniques et manuels sont les principaux acteurs qui s'occupent de la collecte (vidange) et du transport des DLBV. Elles interviennent très peu dans le traitement et la valorisation de ces déchets.

Dans le contexte actuel, il existe très peu d'associations et d'organisation communautaire de base (OCB) dans la filière de la gestion des DLBV. Les associations fonctionnelles sont surtout localisées dans les grandes villes. Elles ont pour tâches principales de coordonner et d'organiser leurs membres. Dans certains cas, pour assurer le bon fonctionnement des activités au profit de leurs membres, elles interviennent dans la mise en application des règles, mais aussi dans la formation et la communication. Les partenaires techniques et financiers (PTF) quant à eux interviennent exclusivement dans la formation, la communication et le suivi.

Tableau 20 : Acteurs et niveaux d'intervention dans la filière des DLBV au Burkina Faso

Acteurs	**Lois**	**Coordination**	**Vidange et transport**	**Traitement**	**Valorisation**	**Mise en application**	**Soutien technique et financier *(formation, communication)***	**Suivi**
Ministères	❖	❖				❖	❖	❖
Opérateurs publics nationaux ou municipaux		❖	❖	❖	❖	❖	❖	❖
Police						❖		
Entreprises privées			❖	❖	❖			
Associations, OCB		❖			❖	❖	❖	
PTF (ONG)							❖	❖

<u>Source</u> : Adaptation de l'auteur

<u>Note</u> : les puces en couleur verte désignent une intervention complète ; la couleur orange indique que l'intervention de l'acteur est très limitée.

Le tableau 20 ci-dessus montre théoriquement les interdépendances entre les différents acteurs de la filière selon les niveaux d'interventions ou les activités exécutées. Il faut rappeler que les analyses du chapitre 4 ont révélé des insuffisances et des ruptures à tous les niveaux. Sur ce point, les acteurs privés ont évoqué une insuffisance de coordination qui se traduit par une distribution floue et un chevauchement des responsabilités, ainsi que le manque de mesures incitatives pour une gestion plus efficace des activités.

Selon Bassan (2015), cette situation observée ailleurs est liée à un cadre institutionnel incomplet, et qui a pour conséquence une défaillance dans la chaîne de responsabilités et des désaccords entre les parties. Le schéma institutionnel à définir doit donc être nécessairement adapté à la situation locale, pour permettre un fonctionnement plus efficace du secteur. Ce schéma n'est pas non plus conçu de manière statique, il doit s'adapter au fur et à mesure à l'évolution de l'environnement.

4.2.2. Chaine de service de la filière des déchets liquides et boues de vidange au Burkina Faso

A la base de la chaine de service de la filière des DLBV, il y a deux types d'assainissements : l'assainissement connecté et l'assainissement autonome. Dans le contexte actuel du Burkina Faso, l'assainissement connecté est un système de canalisation des DLBV vers des stations de traitement construites et gérées par l'ONEA. Actuellement, ce système n'est disponible que dans les deux (02) grandes villes du pays. Les bénéficiaires sont surtout les entreprises et les administrations publiques, notamment sanitaires, et une minorité de ménages. L'assainissement autonome est le système le plus utilisé.

De manière simplifiée, la chaine de service de la filière des DLBV au Burkina Faso est structurée en quatre (04) niveaux comme le montre le schéma 4 ci-dessous :

i) ***Niveau 1 : Production et/ou précollecte***

Les producteurs des DLBV sont ici regroupés en deux (02) catégories distinctes : les ménages d'une part, et les entreprises et administrations, d'autre part. Dans le système de l'assainissement autonome, ces acteurs sont en même temps les pré-collecteurs des déchets qu'ils génèrent, au moyen d'installations sanitaires individuelles telles que les fosses septiques, les WC, les puisards, etc.

Selon les données de l'enquête, les ouvrages sanitaires les plus répandus, sont les latrines traditionnelles avec dalle (64%) (*Cf.* Graphique 37). La faible qualité de ces ouvrages est souvent le point de départ des difficultés rencontrées dans la gestion de DLBV.

Graphique 37 : Ouvrages sanitaires possédés et utilisés par les ménages

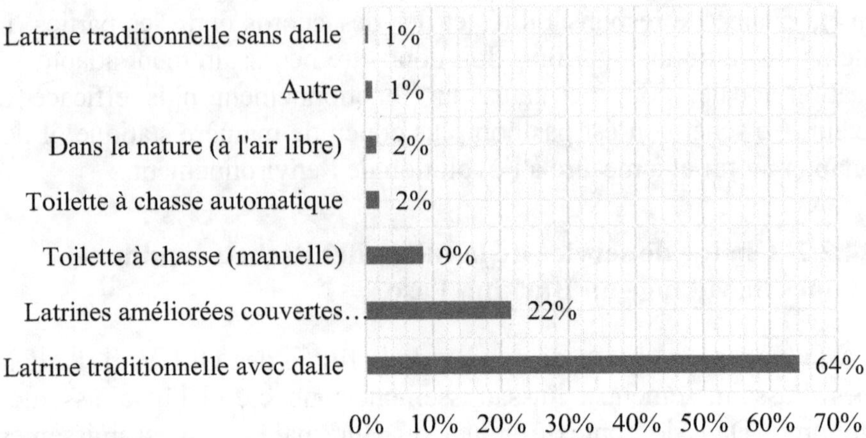

Source : Auteurs, Enquête WASPA, 2019

ii) Niveau 2 : Collecte ou vidange des DLBV

En général, après le stockage des DLBV, l'évacuation ou la collecte couramment appelée vidange est assurée principalement par deux (02) acteurs : les vidangeurs mécaniques au moyen de camions spécialisés et les vidangeurs manuels avec la force physique. Dans l'ensemble, les entreprises et les administrations ont recours surtout aux vidangeurs mécaniques.

Quant aux ménages, en fonction de l'environnement et des moyens, ils font recours à l'un ou à l'autre type de vidangeur. Cependant, les analyses précédentes ont montré que ce sont les vidangeurs mécaniques qui sont les plus sollicités. Dans certains cas, certains ménages se chargent de l'évacuation de leurs propres déchets, mais malheureusement vers des lieux inappropriés, d'où la couleur rouge de la flèche.

iii) Niveau 3 : traitement et/ou transformation

Le traitement et/ou la valorisation constitue le troisième niveau de la chaine de la gestion des DLBV. C'est une étape très importante ou regard de la nature de ces déchets, et des conséquences négatives qui peuvent en découler en cas de mauvaise gestion. Le traitement et/ou la valorisation permet de récupérer des ressources à partir des DLBV, susceptibles selon les travaux, de générer des revenus capables de contribuer à une meilleure gestion de la filière.

Malheureusement, dans le contexte actuel au Burkina Faso, ce maillon est encore au stade de balbutiement, avec une capacité d'absorption très limitée, comparativement au volume généré.

Il faut noter que pour ce troisième niveau, il est distingué en général deux (2) types d'acteurs : il s'agit des stations de traitement et/ou de valorisation publiques, et les transformateurs privés (agriculteurs, jardiniers, entreprises modernes de transformation telle que "Faso Biogaz", etc.). Les stations sont approvisionnées par les vidangeurs mécaniques et les acteurs bénéficiant du réseau d'égout. Quant aux transformateurs privés, ils sont surtout approvisionnés par les vidangeurs mécaniques, et rarement par ceux de la vidange manuelle (d'où une flèche en pointillé).

iv) Niveau 4 : Consommation ou destination finale

Le dernier niveau de la chaine concerne l'utilisation finale des DLBV ou de ces produits dérivés. Dans la pratique, les produits issus des boues de vidanges sont : la fumure organique, l'engrais chimique, le gaz combustible, l'électricité, etc. Les utilisateurs de ces produits sont les agriculteurs, les jardiniers, les maraîchers pour l'engrais organique ou chimique ; les ménages et les entreprises pour le gaz, l'électricité, les agrégats de construction, etc.

Mais, l'enquête menée dans le cadre de cette recherche a montré que même les stations de traitement rejettent quelques fois des déchets de façon anarchique dans la nature, à cause des installations défectueuses. Toutefois, dans la plupart du temps, les déchets traités sont stockés dans des lieux sûrs (dépôt contrôlé), ou offerts à des utilisateurs finaux pour être utilisés dans des activités de production ; il en est de même pour les produits issus des activités des transformateurs privés.

En dehors de ces deux (02) acteurs du niveau 3, les DLBV collectés et transportés par les vidangeurs parviennent aussi directement au niveau 4, pour être consommés directement.

En résumé, les flèches rouges reliant les vidangeurs aux utilisateurs finaux signifient que l'utilisation finale des déchets liquides et des boues de vidange fraîches (DLBVF) est totalement déconseillée. Les flèches en pointillés indiquent que c'est une pratique relativement réduite en termes de pratique.

Compte tenu de l'insuffisance des stations de traitement et de leur faible capacité, certains lieux ont été identifiés pour permettre le dépotage. Ces lieux bien que recommandés, sont faiblement utilisés par les acteurs du fait de la distance et de l'accessibilité difficile.

Schéma 4 : Chaine de service de la filière de l'assainissement autonome au Burkina Faso

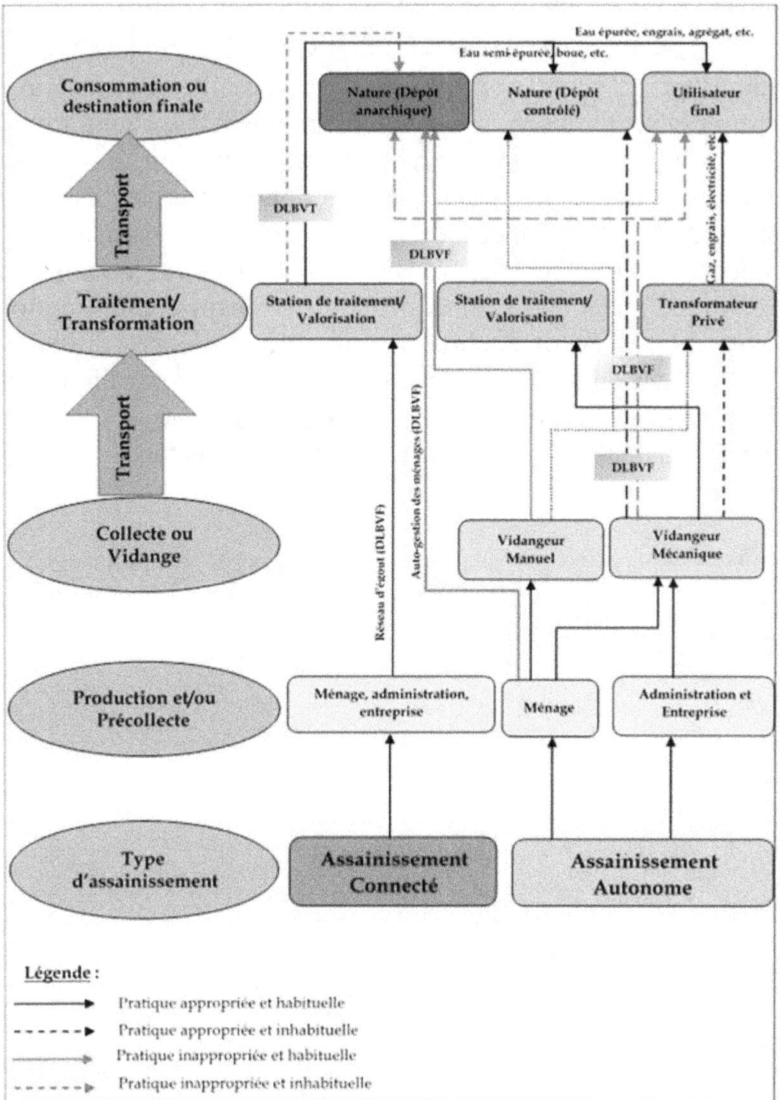

Source : Auteurs
Note : DLBVF = déchets liquides/boues de vidange fraîches ; DLBVT=déchets liquides/boues de vidange traitées

En résumé, le schéma 4 présenté ci-dessus montre clairement que la maîtrise de l'assainissement autonome au niveau individuel, tout comme au niveau public est loin d'être atteinte. Les flèches rouges montrent que des pratiques inappropriées dominent. Le secteur de transformation et de traitement est quasi ou très faiblement représenté. Le schéma montre, par ailleurs, que c'est un maillon presqu'invisible de la chaine.

Pour la promotion d'une gestion effective et efficace des DLBV, il est souhaitable que la filière soit rentable et génère des revenus suffisants pour assurer et soutenir son propre fonctionnement. La littérature indique clairement qu'à partir de la valorisation/transformation des déchets, ce résultat est possible. Le Burkina Faso doit donc se pencher sérieusement sur cette question. Ce projet est donc un tremplin, une occasion nouvelle pour reposer sérieusement les débats et viser à terme, l'avènement de choix politiques plus clairs en la matière en tenant compte de tous les problèmes et les difficultés relevées dans cette recherche : pratiques non durables de production et de consommation généralisées, faible organisation des acteurs, problèmes de coordination, vétusté des équipements des acteurs privés, rentabilité du secteur, pauvreté des ménages, etc.

CHAPITRE 5

Des 3R dans l'assainissement autonome au Burkina Faso

La Réduction, la Réutilisation et le Recyclage (3R) des déchets constituent aujourd'hui des comportements de principes recommandés en matière de gestion des déchets à tous les niveaux (GRAAD Burkina, 2019). L'objectif du chapitre est d'analyser les comportements et les attitudes de la population burkinabè en la matière, avec un focus sur les déchets liquides et boues de vidange (GDLBV). Ces analyses sont faites en trois (03) sections. La première section définit et présente le contexte global du concept des 3R. La deuxième fait un état des lieux des bonnes pratiques actuelles dans le monde et en Afrique. La troisième analyse donne les grands constats observés en rapport avec les 3R au Burkina Faso.

5.1. Définition des 3R

Dans les bonnes pratiques actuelles en matière de gestion de déchets, il est reconnu que « *le meilleur déchet est celui qui n'a pas été produit* ». Relevant surtout de l'utopie, cette assertion a pour but de pousser la réflexion plus loin et d'amener les agents économiques à penser à des modes de consommation et de production permettant de limiter au maximum le rejet de déchets. Dans cette perspective, les concepts de Réduction, de Réutilisation et de Recyclage (connus sous le nom de 3R) constituent les composantes des meilleures stratégies actuelles de gestion des déchets.

Parmi les trois (03), réduire les déchets semble avoir été reconnu comme la meilleure solution dans la mesure où cela permet, d'une part, de ne pas produire de déchets ultimes (ne pouvant pas être valorisés) et d'économiser l'utilisation des matières premières (efficacité-ressources), notamment celles non renouvelables. Réutiliser permet de prolonger la durée de vie d'un produit, soit en le réhabilitant ou en le réparant ou encore en l'utilisant pour une autre fin. En ce qui concerne le dernier R, recycler, il s'agit de fabriquer de nouveaux produits à partir d'anciens (considérés comme un déchet). Ce dernier devient alors une ressource valorisée. Mais, comparativement aux deux (02) premiers R, recycler peut nécessiter l'usage de procédés très énergétivores ou la production de nouveaux déchets. Il s'agit donc de la solution la moins recommandée en la matière.

Il faut surtout noter que la maximisation du profit étant l'objectif principal d'un agent rationnel, les ménages choisissant toujours les solutions les plus aisées, l'application des 3R ne produira les effets souhaités que si elle est encadrée par des cadres politique, institutionnel et juridique clairs et adaptés. Selon le GRAAD Burkina (2019), au Burkina Faso, sur le plan juridique, tous les signaux de l'importance des 3R sont visibles et bien décrits. À titre illustratif, la Constitution du 02 juin 1991 alerte déjà sur les importations de déchets toxiques ou de polluants persistants (pops) sur le territoire national. Et depuis ce temps, l'arsenal législatif s'est beaucoup renforcé aussi bien en termes quantitatifs que qualitatifs.

En 2003, le Code de l'Environnement recommande les producteurs et les consommateurs à prendre des mesures adéquates pour « *prévenir et réduire la production des déchets* », éviter « *l'introduction de certains produits et matériaux non biodégradables* », « *valoriser les déchets par la réutilisation* » et mettre en place des mesures de réduction des « *déchets par la réutilisation, le recyclage ou tout autre action visant la récupération des matériaux réutilisables* ». Le décret n°2001-/PRES/PM/MEE prévoit que toutes les activités susceptibles de porter atteinte à l'environnement soient soumises à une étude d'impact environnemental préalable et que, selon les résultats, il soit mis en place un plan de gestion approprié des dommages potentiels. Un accent particulier est mis sur les activités génératrices de déchets en quantité importante et/ou de nature dangereuse.

Le législateur burkinabè aborde donc la question de la gestion des déchets de manière plus large que les 3R, car ayant adopté une posture de « *prévention* », même en matière de production des déchets. Ils suggèrent qu'avant d'envisager la réduction, le recyclage ou la réutilisation, les producteurs s'assurent que les déchets issus de leurs processus de production sont utiles, et qu'ils peuvent être gérés à partir des principes des 3R. Dans les faits, ce principe se situe dans la réduction, mais à un stade plus avancé. Seulement, dans la pratique, l'application des textes est faible. Le schéma 5 ci-dessous montre l'écart entre la théorie et la pratique en termes de gestion intégrée des déchets en lien avec les 3R.

Schéma 5 : Liens entre la gestion intégrée des déchets et pratique des 3R

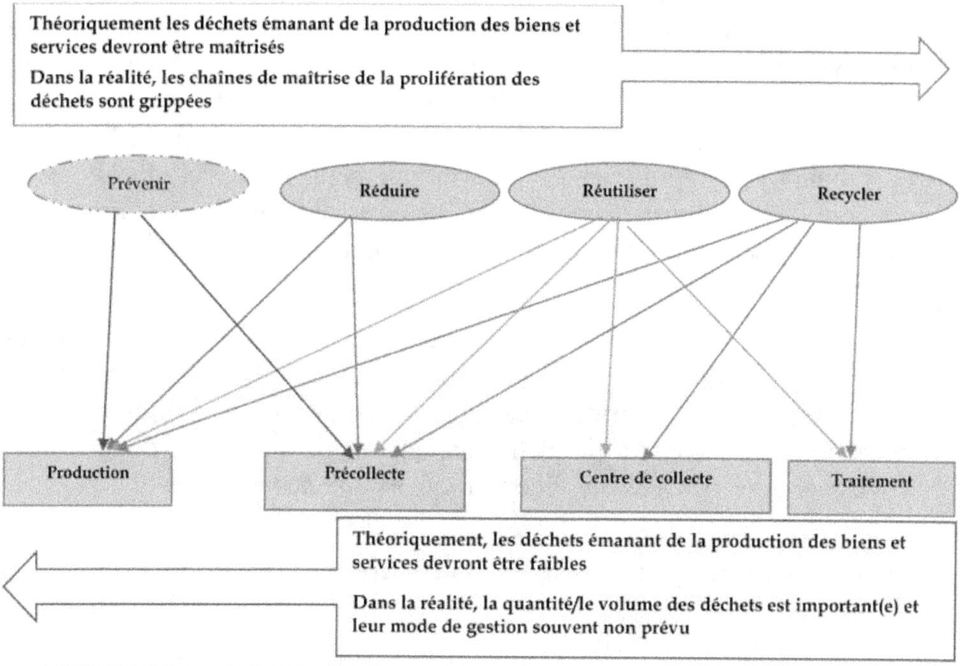

Source : GRAAD Burkina, 2019

À la conception des processus de production des biens et des services, il est couramment considéré que les déchets qui en découleront, d'une part, seront de quantité faible et que d'autre part, la technologie et les compétences/connaissances sont disponibles pour réduire leurs effets et impacts sur l'environnement, le cadre de vie et sur la santé humaine.

Dans la pratique, la quantité des déchets produits est généralement importante et souvent leur gestion n'est pas intégrée dans les habitudes et les pratiques comme l'ont montré les analyses du précédent chapitre. Cet écart n'est pas étonnant au regard du fait que, comme souligné plus haut, dans les documents de politique, les 3R et les instruments d'opérationnalisation ne sont pas suffisamment explicités. Les agents économiques adoptent les comportements qui leurs permettent de minimiser leurs coûts et/ou leurs efforts.

5.2. Bonnes pratiques actuelles dans le monde et en Afrique

Les problématiques actuelles (changement climatique, urbanisation, agriculture intensive, protection des ressources en eau, développement durable, etc.) nécessitent de trouver des solutions durables à toute matière renouvelable ou non renouvelable. Si cela est souhaité à l'échelle mondiale, en Afrique, il s'agit d'une urgence au regard des capacités de résilience des pays et des populations. De ce fait, il est impératif pour les chercheurs et les praticiens du développement, de développer avec le concours des autorités politiques et des partenaires techniques et financiers, des initiatives visant à améliorer les pratiques, notamment celles liées aux DLBV.

La mise en place des systèmes de réduction/réutilisation/recyclage des ressources dérivées de ces types de déchets aide à récupérer/éliminer/valoriser des produits dérivés de l'assainissement autonome respectueux de l'environnement et du cadre de vie et à envisager ainsi des activités économiques pérennes.

5.2.1. Bonnes pratiques : les méthodes les plus connues

Il existe diverses méthodes de traitement et de valorisation des déchets liquides et de boues de vidange. Selon le cas et le contexte, mais aussi selon le besoin, ces méthodes peuvent recourir à des procédés simples ou très complexes. Dans une étude menée par Kajyibwami (2018), les méthodes suivantes sont illustrées :

- ***Co-traitement des boues de vidange fraîches avec des déchets liquides***

Cette technique est envisagée lorsqu'une station de traitement et d'épuration existe. Les boues de vidange peuvent être alors co-traitées avec les déchets liquides. Avant le traitement des boues de vidange, ces dernières sont mélangées avec les déchets liquides. Cette méthode semble similaire à la technique utilisée par l'ONEA dans ses stations d'épuration installées à Ouagadougou et à Bobo Dioulasso pour le traitement des boues de vidange avec des déchets liquides provenant du réseau d'égout.

- ***Digestion anaérobie avec production de biogaz***

Les boues de vidange, mélangées avec du fumier organique ou des résidus végétaux, riches en matière organique biodégradable, subissent une digestion anaérobie (en absence d'oxygène). Le gaz méthane produit est récupéré. Il peut être utilisé pour la cuisine ou la production d'électricité. Par la suite, les produits dérivés (boues et liquides) issus du digesteur sont traités séparément. C'est la technique employée notamment dans le Programme National de Bio-digesteurs au Burkina Faso.

- ***Bassins d'épaississement ou de sédimentation***

Les bassins d'épaississement ou de sédimentation permettent une sédimentation des matières décantables et le surnageant clair (déchet liquide) pouvant ultérieurement être traité. Les boues qui s'accumulent au fond sont périodiquement retirées par un tuyau de soutirage. Le soutirage peut alors se faire après l'évacuation de la colonne de liquide. Les boues décantées/sédimentées sont généralement à traiter ultérieurement. Le produit obtenu est souvent utilisé pour amender des sols par le biais du compost. Au Burkina Faso, un procédé similaire est utilisé par l'entreprise FasoBiogaz.

- ***Lits de séchage non plantés***

Ce sont des couches filtrantes qui drainent la partie liquide des déchets. Une fois chargées avec la boue, elles permettent le séchage de la boue par l'évaporation. Environ 65% du volume de la boue percolent. Au-dessus des drains, il y a des couches de sable et de gravier qui reçoivent les boues et permettent au liquide l'infiltration dans le drain. La boue séchée doit être séparée de la couche de sable. Les lits de séchage sont employés pour déshydrater et sécher, des mélanges de boues septiques et celles des toilettes publiques. Ce séchage permet une réduction des agents pathogènes responsables des maladies liées à l'eau.

- ***Bassin et étangs de stabilisation***

Ce système consiste à stabiliser, selon le degré de polluants organiques, des effluents du traitement des boues de vidange. Ces bassins peuvent être des lagunes anaérobies. Le premier bassin anaérobie suivant le traitement primaire accueille une quantité de matière en suspension qui se décante et se dépose au fond. Retirées de temps en temps, ces boues sédimentées peuvent être traitées avec les fractions solides séparées lors du traitement primaire.

- ***Co-compostage de la fraction organique avec les ordures ménagères***

La fraction organique des boues de vidange est compostée conjointement avec des déchets organiques. Le compost obtenu est un excellent produit pour l'amendement des sols puisqu'il est exempt de tous les germes pathogènes (Kajyibwami, 2018). Le compostage permet de réduire les risques liés à l'épandage des boues de vidange et il dégrade les matières organiques fermentescibles et donne un produit dérivé très fertilisant.

- ***Séchage naturel et stockage***

Le stockage sur une durée d'au moins six (06) mois des boues traitées des lits de séchage ou des techniques de sédimentation offre des produits hygiénisés à la suite de l'efficacité du traitement. Un prolongement permet l'éradication des pathogènes et donc fiabilise la méthode de traitement.

5.2.2. Bonnes pratiques : quelques exemples

Les paragraphes suivants donnent des expériences et des initiatives de 3R en lien avec la gestion des déchets liquides et des boues de vidange dans les zones urbaines et périurbaines. Les expériences ici répertoriées sont situées en Afrique (Sénégal, Burkina Faso) et en Europe (France).

5.2.2.1. Réutilisation des déchets liquides traités : l'exemple de la France

Le gouvernement français souhaite favoriser la valorisation des déchets liquides traités et des eaux de pluie. Il faut noter qu'en France, seulement 0,6% des déchets liquides traités sont réutilisés. Alors qu'elles sont soumises aux mêmes directives européennes, l'Italie et l'Espagne recyclent respectivement 8% et 14% de leurs déchets liquides. Spécifiquement, en Espagne, 40% de la production agricole de la région de Murcie est irriguée par des déchets liquides traités. À Singapour, les eaux recyclées fournissent un tiers de l'eau potable et devraient en assurer 50% en 2060.

Il y a donc une spécificité française qui concerne la résistance à la réutilisation des déchets liquides traités. Il faut reconnaître que cette spécificité n'est pas isolée et concerne beaucoup de pays dans le monde comme le Burkina Faso. Au regard de cette performance limitée, le gouvernement français s'est fixé pour objectif de tripler (1,8%) d'ici 2025 les volumes de ces eaux réutilisées en introduisant des évolutions.

Actuellement, la circularité de l'eau fait face aux exigences sanitaires. La réglementation française ne permet l'emploi des déchets liquides épurés qu'en agriculture. Des dérogations sont espérées sur d'autres usages dès que les expérimentations auront livré les gages de sécurité voulus par la réglementation, avec l'accord des acteurs de la santé et de l'environnement.

Pour l'agriculture, la réutilisation des déchets liquides présente plusieurs avantages. Dans un rapport de 2010, la FAO estimait que si la totalité des « *eaux noires* » était valorisée, il y aurait une économie de 30% des engrais azotés et 15% des engrais phosphatés. La Commission européenne s'est penchée sur ce dossier et a émis en 2018 une proposition de règlement du Parlement européen et du Conseil relatif aux exigences minimales requises pour la réutilisation de l'eau, avec, pour objectif, de faciliter la réutilisation du déchet liquide épuré.

Une des voies pour améliorer la situation est avancée par le Président de la Fédération des entreprises de l'eau : « *Dès que se construit ou se modernise une station d'épuration, il faut envisager la réutilisation des eaux usées traitées dans un dialogue associant la collectivité, l'agriculture et les acteurs économiques* ».

Dans une autre approche pragmatique, les déchets liquides traités doivent être considérés comme une source alternative d'eau, de nutriments et d'énergie. La station de traitement des déchets liquides du futur doit donc accompagner ce changement de paradigme et être conçue comme une station de récupération des ressources, dixit Marc HERAN (Professeur des Universités, Spécialiste de génie des procédés). Dans la pratique, il faut changer l'image et le nom des stations de traitement.

5.2.2.2. Structuration du marché des déchets liquides et boues de vidange au bénéfice des populations démunies de la zone périurbaine de Dakar : l'exemple d'un programme au Sénégal

Dans le but de remédier à la problématique de la gestion des boues de vidange, l'Office National de l'Assainissement du Sénégal (ONAS) a mis en place, avec l'appui financier de la Fondation Bill & Melinda Gates, le *Programme de Structuration du Marché des Boues de Vidange (PSMBV)*, conçu pour prendre en compte toute la chaîne de valeur de la gestion des boues de vidange dans les départements de Pikine et Guédiawaye, zones périurbaines de Dakar. Ce Programme part de l'idée qu'il est une obligation pour les centres urbains de dépolluer les déchets liquides/eaux usées.

Les déchets collectés par le réseau d'assainissement sont principalement acheminés à la station d'épuration où sont retirés des déchets organiques et chimiques qui constituent les boues de vidange. A une seconde étape, il y a un processus de décantation, précisément de la séparation gravitaire des boues de vidange et des déchets liquides. Le traitement des boues récupérées comprend plusieurs types de procédés parmi lesquels :

- o la digestion afin de réduire les matières organiques ;
- o l'épaississement afin d'en retirer l'eau pour réduire les volumes de boues à évacuer.

La stabilisation des boues varie en fonction de sa destination finale. Le Programme s'intéresse principalement à la stabilisation anaérobie, aux micro-organismes qui en sont responsables et aux risques encourus par le personnel exploitant des stations d'épuration.

À terme, les déchets liquides sont épurés des bactéries pouvant occasionner des maladies, surtout au personnel impliqué dans le traitement des eaux usées. En outre, en dehors de la production de biogaz, la digestion anaérobie permet une nette réduction du taux de matières organiques de 15% à 45% ainsi que la diminution de la masse totale des boues de vidange de 15% à 30%.

5.2.2.3. Valorisation des déchets liquides : l'exemple de l'ONEA au Burkina Faso

Le Ministère de l'Eau et de l'Assainissement, à travers sa politique de gestion intégrée des ressources en eau et son programme national d'assainissement des eaux usées et excréta, a mis en place quatre (04) stations de traitement des boues de vidange dans les quartiers des deux (02) grandes villes, à savoir Ouagadougou (Kossodo, Baskuy et Zagtouli) et Bobo Dioulasso (Dogona). D'ici 2025, il est prévu une telle infrastructure pour quatre (04) villes secondaires : Koudougou, Fada N'Gourma, Banfora et Ouahigouya.

Ces stations de traitement sont destinées à recevoir les boues de vidange d'origine humaine issues des fosses septiques. C'est un ensemble de bassins constitués de matières filtrant l'eau de la boue. Le procédé consiste à séparer les déchets organiques des déchets liquides. Ces derniers sont récoltés à travers un ensemble de réseau dans des bassins pour le traitement. Les boues restent sur les lieux pendant au moins trois (03) semaines avant d'être évacuées.

Les boues transformées en engrais sont mises à la disposition des agriculteurs et des maraîchers. En outre, après un traitement respectant les normes en vigueur au Burkina Faso, l'eau traitée est utilisée pour les constructions de logements. Cette eau peut être aussi utilisée en maraîchage pour les périmètres irrigués.

5.3. Constats sur la pratique des 3R au Burkina Faso

La réduction, la réutilisation et le recyclage (3R) des déchets constituent aujourd'hui l'un des comportements recommandés en matière de gestion de tout type de déchets (solide, liquide, boues de vidange, etc.) comme mentionné plus haut. L'objectif de cette section est de présenter les principaux constats, en s'appuyant sur les données collectées et les entretiens avec les personnes ressources de la filière (responsables d'institutions publiques et privées).

5.3.1. Pratique du tri en matière de déchets liquides et boues de vidange à la base

En ce qui concerne la GDLBV, la pratique du tri fait référence au stockage des déchets liquides/boues de vidange, séparés de tout autre déchet, notamment les déchets solides destinés normalement aux poubelles. De manière simple, il s'agit, par exemple, au niveau du ménage, d'éviter de jeter les ordures ménagères ou tout autre solide dans les fosses dédiées au stockage des eaux usées et des excréta. Le tri est important à ce niveau pour diverses raisons : *(i)* permet d'éviter le contact entre les déchets organiques et minéraux qui génère des gaz à effet de serre importants dans certaines conditions ; *(ii)* facilite la vidange mécanique et manuelle (épargne les blessures physiques telles les coupures) ; *(iii)* facilite le traitement et la valorisation/réutilisation ; etc.

Dans le cadre de cette recherche, les données ne permettent pas d'avoir une proportion des ménages qui ont adopté totalement le tri. Mais, sur les analyses faites dans les chapitres précédents, il est possible de conclure qu'il n'est pas adopté par tous. En rappel, moins d'un quart (24%) des ménages ont affirmé ne pas contracter les services de vidange pour l'évacuation de leurs boues de vidange à cause d'une mauvaise utilisation des toilettes/fosses par les membres. Ces derniers jettent dans les fosses des objets solides de tout genre (*Cf.* Graphique 26).

Au niveau des vidangeurs, ces pratiques ont été soulignées comme faisant partie des plus nocives en matière de GDLBV dans les localités enquêtées. Au moins la moitié (52%) des vidangeurs, la mauvaise utilisation des toilettes/fosses est même la première (*Cf.* Graphique 30). La conséquence est la même que celle évoquée par les ménages. Au niveau des utilisateurs finaux, cette pratique a été mentionnée par 13% des enquêtés (*Cf.* Graphique 35).

5.3.2. Attitudes et pratiques de réduction des déchets liquides et boues de vidange

La réduction est un acte qui vise à adopter des comportements ou à mener des actions ayant pour but de faire baisser sa propre production de DLBV. L'analyse porte essentiellement sur les comportements et les attitudes des ménages. La réduction implique aussi que les ménages soient conscients des risques liés à la prolifération des déchets et ont le désir de réduire ces risques. Les données du graphiques 38 ci-dessous montrent que la quasi-totalité des ménages (93%) sont informés des risques sanitaires liés aux DLBV. De même, deux tiers des ménages (67%) sont conscients des risques de pollution environnementale. La dégradation des paysages et la perte de valeur foncière (prix des logements et du terrain) sont moins citées par les ménages en tant que risques (respectivement 36% et 3%).

Graphique 38 : Perceptions par les ménages des risques liés aux mauvaises pratiques dans la gestion des déchets liquides et boues de vidange

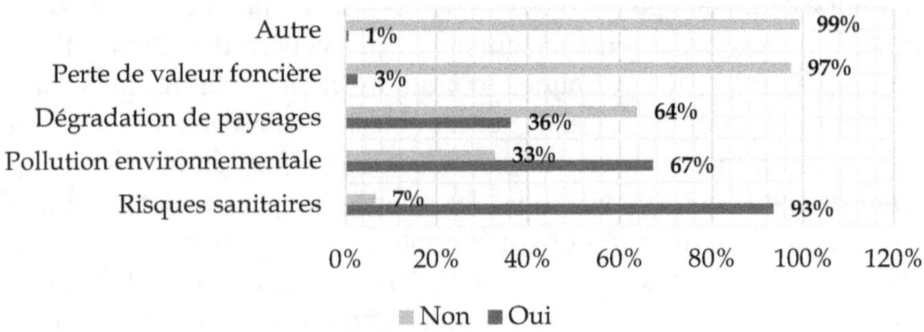

Source : Auteurs, Enquête WASPA, 2019

En essayant d'avoir une lecture plus approfondie de la disposition des ménages à réduire la production de leurs DLBV, il ressort un résultat ambigu. En effet, selon les analyses ci-dessus, la gestion des DLBV est globalement mal faite au niveau ménage. De plus, ces ménages sont conscients des dangers liés aux DLBV. Cependant, les données du graphique 39 ci-dessous montrent que la majorité (55%) n'est pas disposée à adopter de nouvelles habitudes susceptibles de réduire la production de ses DLBV (8% des ménages), ou pense qu'elle en fait déjà assez (45%). Habituellement, il est supposé que les ménages résidant en ville, plus instruits, ont plus accès aux canaux de sensibilisation et sont plus aptes à la mise en pratique de nouvelles connaissances. Au regard de ces résultats, il apparaît que la majorité de la population urbaine ici concernée n'est pas assez sensibilisée sur la question. Le GRAAD Burkina (2019) est parvenu aux mêmes résultats pour les déchets solides.

Graphique 39 : Perspectives d'adoption des principes de réduction des déchets liquides et boues de vidange par les ménages

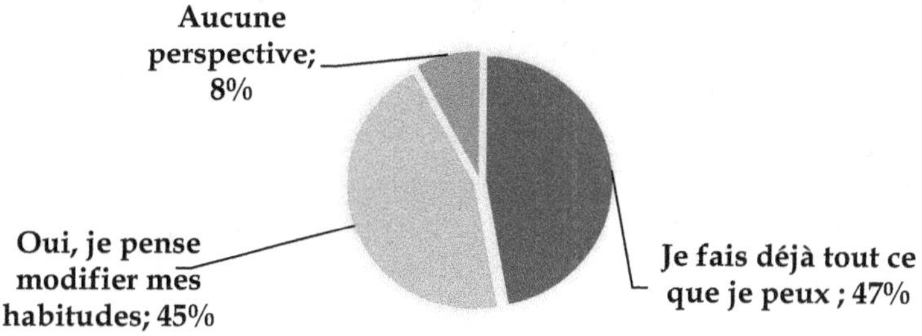

__Source__ : Auteurs, Enquête WASPA, 2019

Dans une certaine mesure, ces résultats renforcent l'idée de continuer les sensibilisations, d'ailleurs recommandées par les différents acteurs. Par ailleurs, la réduction des déchets au niveau ménage n'est pas suffisante et n'est d'ailleurs pas la seule perspective. Vu comme une ressource valorisable, les DLBV peuvent être transformés pour servir à d'autres utilisations. Il appartient aux acteurs de la filière de travailler dans ce sens.

5.3.3. Perceptions des enquêtés par rapport au concept de déchet-ressource

Ce point analyse dans un premier temps les appréciations des enquêtés par rapport à la considération des DLBV comme une ressource à valoriser.

Dans un deuxième temps, à travers les connaissances des enquêtés (vidangeurs notamment), une typologie des valorisations ou des produits existants faite à base des DLBV est présentée. L'objectif visé à travers ces analyses est d'avoir des éléments d'appréciation du niveau de connaissance des enquêtés sur la question de la valorisation afin d'évaluer jusqu'où la population peut accompagner la GDLBV et d'en déterminer les aspects clés sur lesquels il est possible et souhaitable d'agir. Ces analyses sont réalisées sur la base des informations contenues dans les graphiques 38 et 39 ci-dessus.

5.3.3.1. Perceptions des enquêtés : déchets liquides et boues de vidange comme ressources valorisables

De façon globale, près d'un quart (24%) des ménages ne considèrent pas les DLBV comme une ressource à valoriser, ou n'ont aucune idée des possibilités et des modalités de valorisation de ce type de déchets (*Cf.* Graphique 40). Selon donc ces données, environ trois quart (76%) de ménages enquêtés voient dans ces déchets des ressources potentiellement valorisables. Les ménages enquêtés semblent croire beaucoup plus à la valorisation des boues de vidange, comparativement aux déchets liquides. Dans le contexte du Burkina Faso, cette perception est en partie liée au besoin croissant de fertilisants agricoles : les excréta étant fortement utilisés dans ce sens. Dans la même logique, neuf (09) sur dix (10) vidangeurs (87%) considèrent les DLBV comme des ressources valorisables (*Cf.* Graphique 40).

En tenant compte du faible intérêt que les ménages accordent à la destination finale de leur déchet (résultat mentionné plus haut), ce résultat soulève quelques interrogations : sachant que leurs déchets ont une valeur marchande potentielle, pourquoi les ménages montrent si peu d'intérêt pour cette chaîne de valeur ? Une réponse plausible pourrait être le manque d'information sur ce qu'il faut faire pour tirer bénéfice de ces déchets, le manque de compétences ou de moyens.

Quoi qu'il en soit, ces résultats positifs laissent penser que des programmes ou politiques de valorisation des DLBV trouveront une adhésion relativement facile de la population en général et des acteurs de la filière en particulier. Les détails contenus dans le point 5.3.5 donnent plus d'éclaircissements sur cette situation.

Graphique 40 : DLBV comme déchets-ressources : perceptions des enquêtés

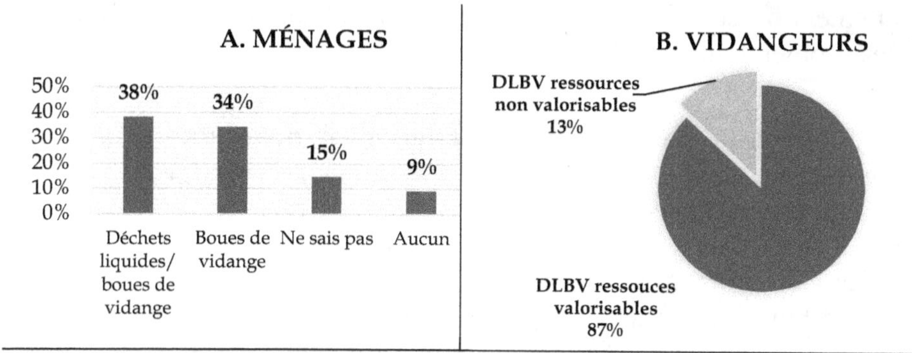

Source : Auteurs, Enquête WASPA, 2019

5.3.3.2. Typologie des produits de valorisation/réutilisation à base de déchets liquides et boues de vidange existants au Burkina Faso

Même si 13% des enquêtés ne voient pas les DLBV comme une ressource valorisable (*Cf.* Graphique 40), tous (100%) ont connaissance d'au moins un produit fait à base de DLBV (*Cf.* Graphique 41). Les différents produits dont les vidangeurs ont connaissance sont au nombre de six (6) catégories. Pour traiter ces informations, chaque enquêté a cité tous les produits qu'il connaît, ce qui a donné au total 59 possibilités. Sur cette base, les produits de valorisation des DLBV les plus connus des vidangeurs sont : l'engrais organique et chimique, le biogaz et l'électricité, l'eau distillée (épurée), l'agrégat combustible, des pesticides/herbicides, etc. En termes de proportion, l'engrais semble être le mieux connu des produits (64%), et cela est compréhensif pour un pays à vocation agricole. Il est suivi du biogaz et de l'électricité (24%) (*Cf.* Graphique 41).

Graphique 41 : Typologie des produits de valorisation/réutilisation à base de DLBV selon les vidangeurs

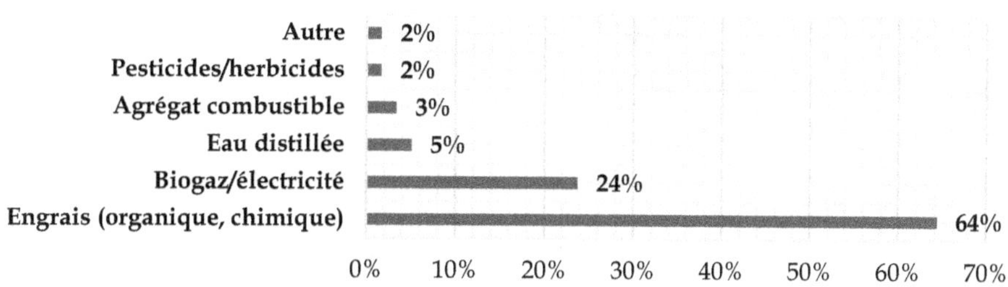

Source : Auteurs, Enquête WASPA, 2019

À ce stade, la question qui se pose est de savoir si les acteurs de la filière sont disposés à adopter et accompagner d'éventuelles actions de traitement ou de valorisation des DLBV dans leurs localités respectives. C'est l'objet d'analyse du point suivant.

5.3.4. Perspectives de mise en œuvre d'un programme de valorisation des déchets liquides et boues de vidange : avis des ménages

Dans le sens d'une démarche participative et inclusive qui est aujourd'hui recommandée, pour la mise en œuvre d'actions de développement comme la construction d'un centre de traitement et de valorisation des déchets, il est important de connaître l'avis des premiers concernés. C'est l'objectif de ce point et les résultats obtenus sont encourageants. Globalement, 83% partagent l'idée d'un programme de ce type ; 12% sont indécis. La proportion de ceux qui n'adhèrent pas à cette idée est de 5% (*Cf.* Graphique 42). Par ailleurs, la grande majorité (plus de 80%) des ménages adhèrent et apprécient l'idée de la construction d'un centre de traitement de valorisation de DLBV dans leur localité (*Cf.* Graphique 43).

Graphique 42 : Avis des ménages sur la mise en œuvre d'un programme de valorisation des DLBV

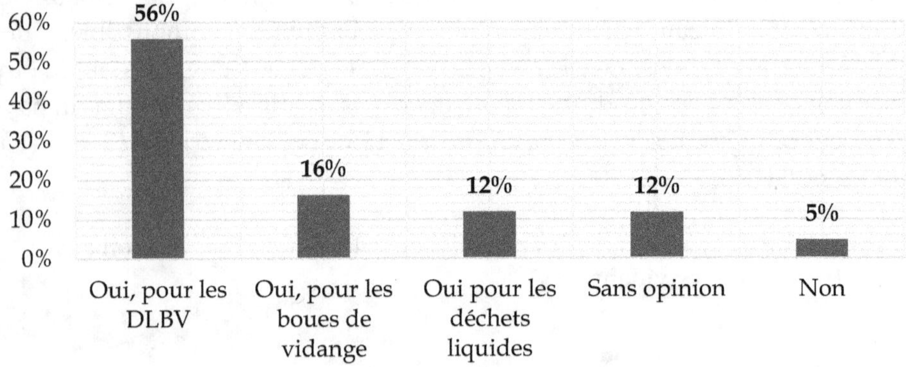

Source : Auteurs, Enquête WASPA, 2019

Graphique 43 : Construction d'un centre de traitement/valorisation des DLBV : avis des ménages

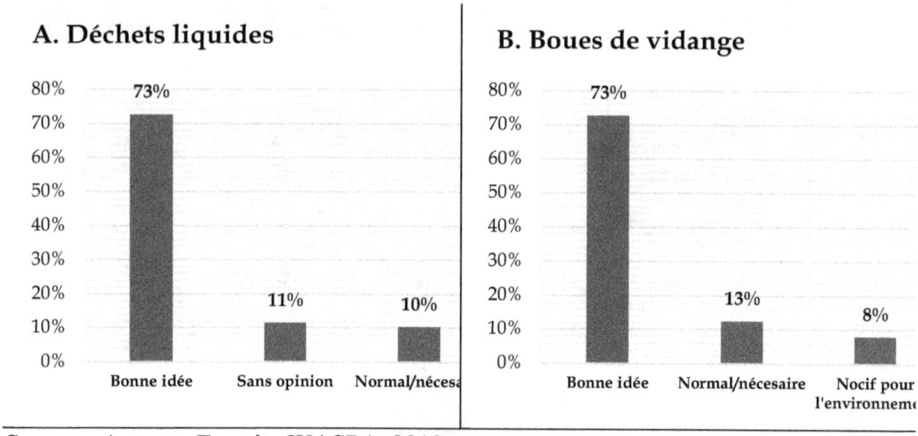

Source : Auteurs, Enquête WASPA, 2019

Les analyses précédentes ont révélé que les ménages adhèrent à l'idée d'une construction d'un centre de valorisation et de traitement des DLBV. Les données du graphique 44 ci-dessous montrent qu'en plus, ils sont pour la majorité (81%) prêts à contribuer chacun en fonction de ses compétences ou de ses moyens ; soit en nature (46%), soit financièrement (39%) ou de façon technique (33%).

En moyenne, la contribution financière proposée par les ménages s'élève à environ quatorze mille six-cent soixante-dix (14 670) francs CFA par ménage. La somme la plus faible proposée est de cent (100) francs CFA contre deux cent soixante milles (260 000) francs CFA pour le maximum.

Les contributions en nature regroupent du matériel et les agrégats de construction, la force de travail, etc. Quant aux contributions techniques, elles portent sur des offres de formation et d'appui-conseil.

Graphique 44 : Avis et types de contribution des ménages pour la construction d'un centre de traitement/valorisation de DLBV

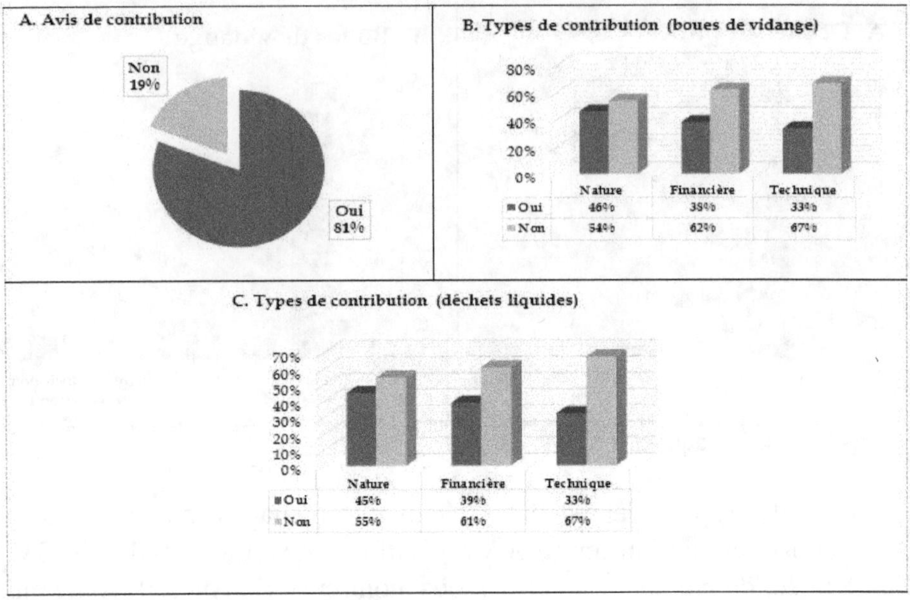

Source : Auteurs, Enquête WASPA, 2019

De ce chapitre, il ressort de l'état des lieux que certaines bonnes pratiques sont déjà une réalité au Burkina Faso. Aussi, les analyses sur les constats indiquent que certains ménages continuent de mélanger des déchets solides avec des DLBV. Il ressort également un besoin de changement de comportements et d'habitudes de la part des ménages par rapport à la réduction de la production de leurs DLBV.

Bien que conscients des risques liés aux DLBV, les ménages ne sont pas vraiment disposés, ou ne pensent pas qu'il soit possible de réduire la production de leurs déchets. Cela peut être interprété dans le sens que ces derniers ne croient pas ou n'ont pas connaissance d'actions/gestes leurs permettant de réduire la production de leurs déchets. Ils pensent plutôt que la réduction est seulement possible par l'action publique à travers la valorisation et le traitement. Toutes les recommandations des enquêtés avaient pour objectif d'attirer l'attention des acteurs sur ce qu'il faut faire après la production des déchets, et non comment faire pour réduire cette production pour en faciliter la gestion de l'après production. Cependant, les ménages enquêtés sont prêts à accompagner et à soutenir des actions de valorisation et de traitement des DLBV.

Conclusion générale, recommandations et perspectives

Grandes leçons

Dans cette recherche, il s'est agi d'analyser les documents et les données collectées auprès des principaux acteurs du secteur Environnement, Eau et Assainissement (EEA), dans l'optique de mettre au jour les caractéristiques actuelles de l'environnement politique et stratégique, mais aussi pratique de l'assainissement autonome au Burkina Faso.

À cette fin, la recherche a utilisé de manière complémentaire, la méthode de l'analyse de contenu pour la collecte des données secondaires (revue de littérature, les textes et documents politiques), des enquêtes quantitatives et qualitatives déployées au niveau urbain dans six (06) villes avec une approche multi-acteurs. Au terme des investigations faites à partir des documents de politique et de stratégie et des enquêtes de terrain, il ressort clairement que le Burkina Faso est relativement bien outillé en ce qui concerne le volet politique et stratégique en matière d'assainissement en général. Dans le contexte actuel, l'environnement de l'EEA et, donc celui de l'assainissement autonome est caractérisé par :

(i) des acquis en termes de :

- volonté politique forte, progressive et toujours affirmée notamment par de nombreux cadres politiques, institutionnels et juridiques ;
- forte prise de conscience politique toujours en croissance. Celle-ci est marquée par les évolutions stratégiques et procédurières constamment recherchées dans les réformes politiques. De l'analyse faite des documents de politique, il ressort des avancées significatives dans les visions, les objectifs et les cadres institutionnels et organisationnels ;
- contenus dans l'ensemble très pertinents en termes de législation pour l'encadrement du secteur EEA avec pour principales faiblesses

l'absence de normes, la faiblesse voire l'absence d'instruments/outils de mise en œuvre opérationnels et la faiblesse des mécanismes de suivi-évaluation ;

(ii) des limites relatives à :

- des approches plutôt réductrices du concept d'assainissement autonome au regard des paradigmes actuels de développement durable (ODD) et des bonnes pratiques actuelles qui conduisent à une sous-exploitation du potentiel de ce concept ;
- une faible prise en compte de la filière avale de l'assainissement comprenant le transport des boues de vidange, l'évacuation et le traitement semblent plutôt négligés, même si l'accès à l'assainissement (toilettes, fosses, puisards) est un enjeu important et relativement bien appréhendé ;
- la faiblesse voire l'absence d'une vision intégrée de la question de l'assainissement (prise en compte en amont et en aval). Les maillons successifs de la filière assainissement interagissent pourtant entre eux ;
- une faiblesse générale en matière d'application des textes. Elle semble être d'ailleurs la plus grande faiblesse du système de la réglementation existante ;
- une approche relativement diluée de la question de l'assainissement autonome dans la question générale de l'EEA, même si les choses ont évolué avec l'élaboration de la PS-EEA (2018-2027). Cette situation s'est toujours traduite par un sous-financement du sous-secteur des eaux usées et excreta ;
- la faible présence des communes par rapport au potentiel et aux textes dans le secteur compte tenu essentiellement de la faiblesse des capacités financières et en ressources humaines.

Sur le plan pratique, la recherche fait ressortir des défis majeurs dont certains ont déjà été relevés dans les documents de politique et les rapports d'études existants :

- de manière générale, les acteurs concernés gèrent de manière inappropriée leurs déchets, le plus souvent, par ignorance ou par manque d'alternative. Toutefois, le résultat reste le même : les rues, les caniveaux, les espaces verts sont transformés en des lieux de dépotoirs de déchets liquides de toute sorte et de boues de vidange ;

- le tri qui permet de réduire les quantités de déchets allant dans des endroits inappropriés est quasiment inexistant. Les ménages jettent ainsi toute sorte de déchets dans les infrastructures sanitaires mises à leur disposition ;
- comme le montre l'analyse des données récoltées, avec les stations d'épuration de l'ONEA et quelques initiatives privées, les initiatives de valorisation des eaux usées et excréta se développent progressivement. Les impacts de ces initiatives restent toutefois encore peu visibles. Les capacités de récupération et de valorisation sont également limitées. Cela est dû en partie à l'absence ou à l'inaccessibilité de technologies et à la faible capacité d'innovation. Dans certains cas, il s'agit surtout d'un problème de manque de statistiques.

Recommandations

L'analyse croisée de ces constats met surtout en évidence le besoin d'agir avec cohérence et avec des instruments d'action relativement plus précis qui donnent clairement la vision, les outils à utiliser et les moyens de vérifier dans le temps les progrès des actions mises en œuvre. Ces instruments doivent être alignés avec l'engagement du Burkina Faso de mettre fin à la défécation à l'air libre d'ici 2030, l'assainissement autonome durable étant conçu comme un catalyseur. De manière plus concrète, pour inverser les tendances observées, le Burkina Faso devrait travailler à :

- mieux aligner les objectifs stratégiques du sous-secteur eaux usées et excréta aux ODD, en particulier à l'objectif de mettre fin à la défécation à l'air libre (FDAL) ;
- développer des approches plus holistiques et plus intégrées de l'assainissement autonome ;
- combler les lacunes dans le domaine, précisément sur le potentiel réel du secteur sur les plans économico-financier et en matière de création d'emplois notamment ;
- former et appuyer l'équipement des opérateurs privés. Il s'agit notamment d'inciter ces opérateurs à se professionnaliser davantage et moderniser leurs mécanismes d'opération, surtout dans les petites villes ;

- appuyer la structuration de la filière DLBV (au niveau communal, notamment par la désignation des lieux de dépotage appropriés officiels) ;
- définir une véritable stratégie de promotion des chaînes de valeur dans le secteur et mieux communiquer sur les produits de la valorisation des DLBV ;
- vulgariser les pratiques des 3R, principalement pour ce qui concerne la réduction ;
- faire un plaidoyer pour l'application du principe de la commande publique durable dans le secteur des DLBV (département des marchés publics) ;
- travailler à développer un marché des eaux usées et excréta ;
- promouvoir davantage les dispositifs décentralisés de traitement dans les grandes et moyennes villes afin de réduire les distances parcourues pour le dépotage et inciter ainsi les opérateurs à adopter des meilleures pratiques en la matière.

Perspectives

En termes de perspectives, une suggestion est faite. Il s'agit de la conception et de la mise en œuvre d'un projet de recherche comprenant trois (3) composantes :

1) une composante recherche basée sur deux (02) études de natures différentes mais complémentaires :

- une étude sur les aspects spécifiques de l'adéquation entre l'offre et la demande dans le secteur de la gestion des boues de vidange. Cette recherche a pour intérêt principal de prouver aux autorités burkinabè que le marché de la boue de vidange est important et rentable, qu'il présente des enjeux de développement importants qu'il conviendrait d'accompagner ;
- une étude comparative de la pérennité économico-financière des différents systèmes d'assainissement dans le contexte burkinabè. Une telle étude aura pour intérêt d'éclairer et de motiver les choix des décideurs et de contribuer ainsi à une meilleure affectation des ressources tenant compte de l'efficacité des systèmes par rapport au but recherché.

2) une composante appui au développement d'entreprise durable de gestion de boues de vidange. Cette composante inclura l'appui à l'organisation du secteur, l'appui au renforcement des capacités, la mise en lien des entreprises du secteur avec les mécanismes de financement existants.

3) une composante communication et réseautage. Entre autres, cette composante va couvrir les besoins de sensibilisation de masse, la mise en lien des acteurs de la chaîne par le biais du développement d'un marché, etc.

Références bibliographiques

Albuquerque de Catarina et Roaf Virginia (2012). *Droit au but : Bonnes pratiques de réalisation des droits à l'eau et à l'assainissement.* Lisbonne : Bettina Myers. 223 p.

Bassan M., Koné D., Mbéguéré M., Holliger C. and Strande L. (2014). Success and failure assessment methodology for wastewater and faecal sludge treatment projects in low-income countries, *Journal of Environmental Planning and Management. DOI: 10.1080/09640568.2014.943343*

Boot N. L. D. and Scott R. E. (2009). Faecal sludge in Accra, Ghana: problems of urban provision. *Water Sciences and Technology-WST, 60*(3), 623-631.

Désille Denis (2012). *Intervenir pour l'assainissement dans les pays en développement. Les questions essentielles pour des services durables*. Guide pratique. 1e éd. Paris-France. 53 p.

Diener S. et al. (2014), A value proposition: Resource recovery from faecal sludge—Can it be the driver for improved sanitation? *Resources, Conservation and Recycling, Volume 88*, 32–38.

Gabert Julien (2018). « L'assainissement : deux filières et trois maillons ». In *Mémento de l'assainissement, mettre en œuvre un service d'assainissement complet, durable et adapté.* Paris : Quae et Gret. Préciser page de début et page de fin

Gabert Julien, Santi Marion et Ily Jean-Marie (2018). « La filière d'assainissement non collectif ». In *Mémento de l'assainissement, mettre en œuvre un service d'assainissement complet, durable et adapté.* Paris : Qae et Gret. Préciser page de début et page de fin.

GRAAD Burkina (2015). *Coût des mauvaises pratiques dans l'usage des produits chimiques dans le secteur agricole.* GRAAD Burkina, Ouagadougou, Burkina Faso.

GRAAD Burkina (2018). *Étude diagnostique de la gestion des déchets ménagers solides dans les communes de Dédougou et Koudougou.* GRAAD Burkina, Ouagadougou, Burkina Faso.

GRAAD Burkina (2019). *Diagnostic sur la gestion intégrée des déchets au Burkina Faso.* GRAAD Burkina, Ouagadougou, Burkina Faso.

Institut National de la Statistique et de la Démographie (2008). *Recensement général de la population et de l'habitat de 2006 : résultats définitifs.* INSD, Ouagadougou, Burkina Faso.

Institut National de la Statistique et de la Démographie (2015). *Enquête multisectorielle continue (EMC) 2014 : Habitat, assainissement, et accès à l'eau potable*, Ouagadougou : Ministère de l'Économie et des Finances. 37p.

Institut National de la Statistique et de la Démographie (2020). *Recensement général de la population et de l'habitat de 2019 : résultats provisoires.* INSD, Ouagadougou, Burkina Faso.

Ministère de l'Eau et de l'Assainissement (2016). *Programme National d'Assainissement des Eaux Usées et Excreta - 2016-2030.* MEA, Ouagadougou, Burkina Faso.

Ministère de l'Eau et de l'Assainissement (2019). *Site officiel : http://www.mea.gov.bf/. Consulté le 05.06.2019.* MEA, Ouagadougou, Burkina Faso.

Murray A. and Ray I. (2010). Commentary: Back-End Users: The Unrecognized Stakeholders in Demand-Driven Sanitation, *Journal of Planning Education and Research,* 30(1), 94-102.

Office National de l'Eau et de l'Assainissement (2006). *Symposium/Atelier sur la politique de la gestion des boues de vidange.* ONEA, Ouagadougou, Burkina Faso.

Water and Sanitation Program (2012). *Impacts économiques d'un mauvais assainissement en Afrique.* WSP, Ouagadougou, Burkina Faso.

Liste des tableaux

Liste des graphiques

Liste des schémas

Table des matières

Structures éditoriales du groupe L'Harmattan

L'Harmattan Italie
Via degli Artisti, 15
10124 Torino
harmattan.italia@gmail.com

L'Harmattan Hongrie
Kossuth l. u. 14-16.
1053 Budapest
harmattan@harmattan.hu

L'Harmattan Sénégal
10 VDN en face Mermoz
BP 45034 Dakar-Fann
senharmattan@gmail.com

L'Harmattan Cameroun
TSINGA/FECAFOOT
BP 11486 Yaoundé
inkoukam@gmail.com

L'Harmattan Burkina Faso
Achille Somé – tengnule@hotmail.fr

L'Harmattan Guinée
Almamya, rue KA 028 OKB Agency
BP 3470 Conakry
harmattanguinee@yahoo.fr

L'Harmattan RDC
185, avenue Nyangwe
Commune de Lingwala – Kinshasa
matangilamusadila@yahoo.fr

L'Harmattan Congo
67, boulevard Denis-Sassou-N'Guesso
BP 2874 Brazzaville
harmattan.congo@yahoo.fr

L'Harmattan Mali
Sirakoro-Meguetana V31
Bamako
syllaka@yahoo.fr

L'Harmattan Togo
Djidjole – Lomé
Maison Amela
face EPP BATOME
ddamela@aol.com

L'Harmattan Côte d'Ivoire
Résidence Karl – Cité des Arts
Abidjan-Cocody
03 BP 1588 Abidjan
espace_harmattan.ci@hotmail.fr

L'Harmattan Algérie
22, rue Moulay-Mohamed
31000 Oran
info2@harmattan-algerie.com

L'Harmattan Maroc
5, rue Ferrane-Kouicha, Talaâ-Elkbira
Chrableyine, Fès-Médine
30000 Fès
harmattan.maroc@gmail.com

Nos librairies en France

Librairie internationale
16, rue des Écoles – 75005 Paris
librairie.internationale@harmattan.fr
01 40 46 79 11
www.librairieharmattan.com

Librairie l'Espace Harmattan
21 bis, rue des Écoles – 75005 Paris
librairie.espace@harmattan.fr
01 43 29 49 42

Lib. sciences humaines & histoire
21, rue des Écoles – 75005 Paris
librairie.sh@harmattan.fr
01 46 34 13 71
www.librairieharmattansh.com

Lib. Méditerranée & Moyen-Orient
7, rue des Carmes – 75005 Paris
librairie.mediterranee@harmattan.fr
01 43 29 71 15

Librairie Le Lucernaire
53, rue Notre-Dame-des-Champs – 75006 Paris
librairie@lucernaire.fr
01 42 22 67 13

www.ingramcontent.com/pod-product-compliance
Lightning Source LLC
LaVergne TN
LVHW010944051026
849532LV00003B/1126
* 9 7 8 2 3 4 3 2 3 2 9 2 8 *